Hermann Röhm

Familienchronik

des Predigers

Carl Bender
(1838–1912)

Transkribiert aus Kurrent-Schrift von
Hermann Höffken und Günter Runkel

© 2021 Herausgeber: Hermann Röhm

Autoren: Carl Bender und Herman Röhm

Transkription des Manuskriptes von Carl Bender aus Kurrent-Schrift: Hermann Höffken und Günter Runkel

Verlag & Druck: tredition GmbH, Halenreie 40-44, 22359 Hamburg

ISBN: 978-3-347-41146-3 (Paperback)
978-3-347-41147-0 (Hardcover)
978-3-347-41148-7 (e-Book)

Bibliographische Informationen der Deutschen Nationalbibliothek:

Die Deutsche Nationalbibliothek verzeichnet diese Publikation in der deutschen Nationalbibliografie; detaillierte bibliografische Daten sind im Internet über http://dnb.d-nb.de abrufbar.

Inhalt

Carl und Aurelie Bender etwa 1866

Katharina und Carl Bender

Carl Bender in Kürze

Carl Bender, mein Urgroßvater mütterlicherseits, wurde am 20. Januar 1838 als zweites Kind des Schneidermeisters Johann Georg Bender und seiner Frau Juliane Wilhelmina geb. Haas in Neuwied geboren. Er hatte eine ältere Schwester und bekam noch eine jüngere. Beide Mädchen starben schon im Kindesalter, und als Carl 4 ¾ Jahre alt war, starb auch seine Mutter knapp 30jährig am 6. November 1842 nach mehrmonatiger Krankheit. Zehn Monate nach ihrem Tod heiratete Carls Vater wieder und bekam mit seiner neuen Frau Maria Philippine, geb. Zorn, zwei Kinder, die nach kurzer Zeit starben. Nach nur dreieinhalbjähriger zweiter Ehe starb auch Carls Vater nach längeren schweren Krankheiten am 25. Februar 1847 mit nur 38 Jahren und ließ seine Frau mit dem neunjährigen Sohn mittellos zurück. Carls Stiefmutter fand eine Anstellung, konnte aber den Stiefsohn nicht mitnehmen. So kam Carl für vier bis fünf Monate zu seiner über 70jährigen Großmutter, bis auch die starb. Das Waisenamt gab den neunjährigen Carl nun in die Obhut eines Siamosen-Webers, der schon zwei andere Waisen in Pflege hatte und kräftig mitarbeiten ließ. Immerhin ermöglichte er Carl aber den Besuch einer einfachen lutherischen Gemeindeschule, wo der Junge sehr eifrig lernte und zu den besten Schülern gehörte. Kontakt mit seiner Stiefmutter war dem kleinen Carl aus ihm unbekannten Gründen verboten. Viele Jahre später erfuhr er, dass ihr ein Verhältnis mit einem verheirateten Mann vorgeworfen wurde. Carl traf sie erst 17 Jahre später wieder.

Nach Konfirmation und Schulende wurde Carl 1852 gegen seinen Willen in eine Schneiderlehre geschickt. Er wäre lieber Uhrmacher geworden. Er lernte bei zwei entfernten Verwandten das Schneiderhandwerk und ging nach bestandener Prüfung auf Wanderschaft. Zuerst nach Köln, Düsseldorf und Krefeld, wo er ein Jahr arbeitete, dann über Frankfurt am Main, nach Dresden, Leipzig und Halle an der Saale, wo er gut 2 ½ Jahre blieb. Hier kam er stärker unter christlichen Einfluss und verspürte ein Verlangen, selig zu werden. Von Halle wanderte er zurück ins heimatliche Neuwied, blieb dort 8 bis 9 Monate und zog dann weiter ins heutige Wuppertal-Elberfeld. Dort schloss er sich einem christlichen Jünglingsverein an und erkannte im Frühjahr 1860, „dass ich Gottes Kind und Eigentum sei". Er erwog, eine Missionarsausbildung zu machen, aber die Einberufung zum Wehrdienst beim 7. Pionierbataillon im heutigen Köln-Deutz vereitelte diesen Plan. Während des dreijährigen Wehrdienstes hielt er engen Kontakt mit christlichen Kreisen und kurz vor dem Ende des Wehrdienstes erhielt er das Angebot des Elberfelder Brüdervereins, in dessen Dienste einzutreten und als ‚Bote' die christliche Botschaft zu verbreiten. Nach einigen inneren Kämpfen nahm er das Angebot an und wurde Ende 1863 als Begleiter erfahrener Brüder ins Bergische Land, an den Niederrhein und in den Hunsrück geschickt. In einem Jahr besuchte er predigend etwa 70 Orte, was manchen Pastoren und auch Bürgermeistern nicht gefiel. Sie versuchten, ihm das Leben schwer zu machen, ihm gar Platzverweise zu erteilen. Er berief sich erfolgreich darauf, sich als preußischer Staatsbürger und gedienter Soldat frei bewegen zu dürfen. Da sie ihn mit legalen Mitteln nicht vertreiben konnten, versuchten sie es mit Verleumdung: Er habe ein junges Mädchen geschwängert. Ein Pastor Reusch aus Simmern verkündete von der Kanzel, Carl Bender sei ein Wolf im Schafspelz, ein schlechter Mensch und Verführer. Beweise gab es nicht, aber der Vorstand des Brüdervereins zog Carl Bender aus dem Hunsrück ab und wies ihm Ende 1864 Solingen und Umgebung als neues Arbeitsfeld zu.

In Wuppertal-Vohwinkel lernte Carl Bender im Herbst 1865 seine spätere Ehefrau kennen: Aurelie Kayser, geboren am 21.12.1844, Tochter des Landwirts und Maßstabfabrikanten Carl Wilhelm Kayser und seiner Frau Amalie, geb. Schmachtenberg, aus Solingen-Merscheid. Sie hatte Carl nach einer christlichen Versammlung um eine Unterredung gebeten. Aurelie spürte ein Verlangen nach Heilsgewissheit und fand durch Carl Bender diese Gewissheit. Die beiden jungen Leute kamen sich langsam näher und feierten am 4. April 1866 Verlobung. Aurelies Vater hatte zunächst Bedenken gegen die Verbindung seiner Tochter mit dem armen Wanderprediger Carl Bender, aber das Argument der jungen Leute, wer unter Gottes Schutz stehe, sei in Sicherheit und ein wohlhabender Kaufmann könne sehr wohl Pleite machen, überzeugte ihn. Die Hochzeit der Verlobten verzögerte sich, weil Carl als Landsturm-Mann am preußisch-österreichischen Krieg von 1866 teilnehmen musste. Am 3. November 1866 heirateten Aurelie Kayser und Carl Bender; zur Hochzeit erschienen etwa 300 Gäste. Christen anderer Glaubensrichtungen streuten das Gerücht, die Jungvermählten lebten in wilder

Ehe, d.h. sie seien gar nicht offiziell verheiratet. Am 9. Oktober 1867 bekamen sie ihr erstes Kind, Maria, meine Großmutter mütterlicherseits. Kurz nach der Geburt erkrankten Mutter und Kind schwer und die Eltern fürchteten den baldigen Tod des Babys; aber es erholte sich.

Im Sommer 1868 zog die junge Familie in ein neues Haus. Gemeinsam mit einem Bekannten hatten sie ein zweistöckiges Doppelhaus in Solingen-Schlagbaum gebaut und hatten nun in ihrem Hausteil 6 Zimmer und 2 Kammern im Dachgeschoss. Sie finanzierten das Haus zum Teil mit Aurelies Erbe von ihrem inzwischen verstorbenen Vater und zum größeren Teil mit geliehenem Geld, was damals schwer zu bekommen war. Zur Minderung der Zinsbelastung vermieteten sie die obere Etage an eine Familie, die sich bald als sehr problematisch erwies, obwohl sie auch einer christlichen Gemeinde angehörte. Einmal beschimpfte der Mieter Aurelie als Hurenmensch und schlechtes Weib, das ihm Kohlen gestohlen habe. Carl widerstand nur schwer der Versuchung, den Kerl zum geöffneten Fenster hinauszuwerfen. Er erinnerte sich gerade noch rechtzeitig an Jesu Worte „Vater, vergieb ihnen, denn sie wissen nicht, was sie tun".

Am 26. April 1870 bekamen Aurelie und Carl ihr zweites Kind: Hermann. Knapp drei Monate später brach der deutsch-französische Krieg aus und Carl wurde zum 7. Westfälischen Pionierbataillon nach Köln einberufen. Die Finanzen der jungen Familie gerieten ins Wanken und als Carl Anfang April 1871 wieder nach Hause kam, fand er seine Frau kränkelnd. Langsam beschlich ihn die Sorge, dass sie nicht lange leben werde. Im Frühjahr 1872 waren Benders genötigt, ihr Haus mit Verlust zu verkaufen, weil sie die fälligen Schuldzinsen nicht mehr aufbringen konnten. Sie zogen zu einer Bekannten in eine Wohnung mit drei Zimmern und einer Dachkammer in einer ziemlich miesen Umgebung. Sie fühlten sich emotional sehr belastet, akzeptierten aber doch den ihnen von Gott auferlegten Weg. Im Juli 1872 gebar Aurelie unerwartet Zwillinge, die die Namen der Eltern bekamen: Aurelie und Carl. Baby Aurelie wäre in seinem ersten Lebensjahr fast an der Ruhr gestorben, kam aber durch. Außer den vier eigenen kleinen Kindern beherbergten Benders noch ein Waisenkind und eine noch unmündige Schwester Aurelies in ihrer engen und feuchten Wohnung. Die finanzielle Lage war oft beängstigend und trieb die jungen Eltern zu vielen Gebeten, die sie oft wunderbar erhört sahen.

Nach anderthalb Jahren in der schlimmen alten Wohnung konnten sie Ende Oktober 1873 in einen Neubau umziehen. Ein frommer Bekannter hatte ein Haus mit einem Versammlungssaal errichten lassen und überließ Benders mietfrei zwei Zimmer neben diesem Saal und drei Mansardenzimmer. Die Zimmer neben dem Saal waren mit Flügeltüren mit dem Saal verbunden und Benders mussten diese Räume bei größeren Versammlungen zur Verfügung stellen. Sie mussten den Saal auch säubern und heizen und bei Versammlungen bedienen. Wenige Wochen nach dem Umzug gebar Aurelie am 2. Dezember 1873 Theophil, ihr fünftes Kind. Sie konnte ihn nicht säugen, und er vertrug ebenso wie die 17 Monate vorher geborenen Zwillinge keine Kuhmilch.

Die sowieso schon knappe Familienkasse wurde durch die notwendige Kondensmilch schwer belastet.

1875 schlossen sich mehrere Abendmahlsgemeinschaften und christliche Versammlungen in Solingen zu einer Freien evangelischen Gemeinde zusammen. Am 21. Januar 1876 traf sie sich in dem Versammlungssaal neben Benders' Wohnung zu einer ‚Gemeindefeier mit Liebesmahl', bei deren Vorbereitung Aurelie Bender noch ‚Kaffee und dergl.' gemacht hatte, bevor sie Clara, ihr sechstes Kind, gebar, während unten die Gemeindemitglieder feierten. Benders hielten es für nicht länger tragbar, bei Gemeindeversammlungen ihre neben dem Saal liegenden zwei Zimmer zu räumen und mit der großen Familie in die Mansarden auszuweichen. Dies umso mehr, als sie oft reisende Prediger beherbergten. Noch während sie nach einer anderen Wohnung suchten, starb am 9. Juli 1877 die kleine Clara mit nur anderthalb Jahren an Lungenentzündung. Ende April 1878 bezogen Benders eine andere Wohnung in der Kirchstraße bei einem Konditor. Hier gebar Aurelie im Sommer ihr siebtes Kind, das gleich nach der Geburt starb und namenlos blieb.

Anfang Januar 1879 gab es eine organisatorische Änderung in Carl Benders Beruf. Er wurde Mitarbeiter des Bundes Freier evangelischer Gemeinden, von dem er nun sein Gehalt bezog. Er sollte je zur Hälfte der Solinger Gemeinde und anderen Gemeinschaften dienen. Er war nun nicht mehr ‚Bote' des Brüdervereins, blieb diesem aber weiter eng verbunden. Am 23. Februar 1879 wurde er in den Vorstand der Freien evangelischen Gemeinde Solingen berufen. Im Laufe der Zeit kam es zu Problemen mit der 50:50 Zeitaufteilung der Tätigkeit von Carl Bender – sowohl die Solinger Gemeinde als auch die anderen Gemeinschaften hätten gern mehr gehabt und Carl konnte nicht allen zeitlichen Ansprüchen genügen. Anfang 1880 versuchte eine Düsseldorfer Gemeinde, ihn nach dort zu locken und bot ihm eine mietfreie Wohnung an. Die Solinger Gemeinde beschloss dagegen am 29. Februar 1880, ihn zum Bleiben zu bitten. Sie errichtete ab Frühjahr einen Neubau mit einem großen und einem kleinen Versammlungssaal und einer Vierzimmerwohnung, die Benders im April 1881 bezogen und 13 ½ Jahre bis 1894 bewohnten. In Carl Benders Worten: „Es war eine freundliche Wohnung zwischen Gärten, ruhig für die Versammlungen, luftig und licht. Die Hälfte war ca bebaut, die Hälfte blieb Garten. Es war ein angenehmer Platz für uns Alle, für die Gemeinde, für uns und unsre Kinder".

Als Aurelie im zweiten Halbjahr 1881 eine neue Schwangerschaft bemerkte, war sie tagelang traurig, weil ihr eine Hebamme vorhergesagt hatte, sie könne nie wieder ein lebensfähiges Kind gebären. Carl tröstete sie, die Worte einer Hebamme seien kein Gotteswort, kein Evangelium. Tatsächlich brachte Aurelie am 25. Januar 1882 problemlos ihr achtes Kind zur Welt, Elisabeth, ein „molliges kräftiges Kindlein", das zur Freude der Eltern gedieh. Die Gesundheit der seit 10 Jahren kränkelnden Aurelie verschlechterte sich dagegen weiter. Als sie am 24. Januar 1883 bei einem Hustenanfall auf der Straße Blut gespuckt hatte, fürchtete Carl ernsthaft um das Leben seiner Frau. Ihr Zustand verschlechterte sich zusehends und sie verschied am 25. April 1884 im Alter von 39 Jahren.

Carl Bender, durch seinen Beruf zu vielen Reisen verpflichtet, schlug sich mit seinen sechs Kindern einige Monate mit Haushälterinnen durch und heiratete dann am 27.12.1884 die Diakonisse Katharina Throm. Die am 2.9.1848 in Adelsheim/Baden Geborene war ihm zunächst von einer ihm vertrauten alten Diakonisse als Haushälterin empfohlen worden. Eine andere Bekannte riet ihm aber dringend, die ihm persönlich unbekannte Katharina Throm zu heiraten. Auf Rückfrage bei seiner ersten Ratgeberin, der alten Diakonisse, erfuhr er dann, eine bessere Mutter als Katharina Throm könne er für seine Kinder nicht bekommen. Er verstand das als göttlichen Wink und erklärte der ihm immer noch persönlich unbekannten Katharina schriftlich seine Liebe und bat um ihre Hand. Er erhielt ihr Jawort. Die Halbwaisen freuten sich über die neue Mutter. Außer dem Haushalt und der Kindererziehung widmete sie sich auch der Frauenarbeit der Gemeinde, die die kranke Aurelie vor ihrem Tod kaum noch bewältigt hatte. Mit Katharina Throm hatte Carl Bender noch ein einziges weiteres Kind, das am 26. September 1885 geboren wurde: Johannes. Der älteste Sohn, Hermann, trat nach gutem Abschluss des Pro-Gymnasiums 1886 schon in eine kaufmännische Lehre ein, und Carl, der zweite Sohn begann eine Anstreicher-Lehre. Vater Carl Bender wurde im selben Jahr in Solingen zum Gemeinde-Ältesten bestimmt, eine Aufgabe, die er bis 1894 behielt und die ihm viel Freude aber auch manch schmerzliche Erfahrung bescherte. Es gab Streit unter

Mitgliedern und manchmal Austritte oder Ausschlüsse aus der Gemeinde u.a. wegen unsittlichen Verhaltens. Im Frühjahr 1894 beantragte der Vorstand der Solinger Gemeinde, dass Carl Bender ganz dieser Gemeinde diene und seine Aufgaben beim Bund Freier evangelischer Gemeinden abgebe. Der lehnte dieses Ansinnen ab und verließ im November 1894 die Solinger Gemeinde, konzentrierte sich fortan auf die Arbeit beim Bund freier evangelischen Gemeinden und zog nach Schalksmühle.

Dort lebte inzwischen Hermann, sein ältester Sohn, der 1890 seine kaufmännische Lehre beendet hatte und nach einigen Zwischenstationen kaufmännischer Leiter einer jungen Fabrik für Elektroartikel geworden war. Probleme bei der Wohnungssuche seiner Eltern löste Hermann Bender, indem er einen Neubau mit Versammlungssaal für die örtliche Gemeinde mit angrenzendem Wohnhaus mit 10 Zimmern und 6 Mansardenzimmern bauen ließ. Einige wurden von Mitgliedern der Bender-Familie bewohnt, andere eine Zeitlang vermietet. Der Versammlungssaal wurde mit vielen Besuchern am 25. November 1894 eingeweiht. Carl Bender bereiste im Auftrag des Bundes Freier evangelischer Gemeinden Deutschland.

Ende Mai 1902 zogen Aurelie und Carl Bender in eine Mietwohnung nach Kierspe. Ihr ältester Sohn, Hermann, hatte sich 1899 selbständig gemacht und mit einem Kompagnon eine Fabrik in Kierspe-Bahnhof gebaut, die am 22. November 1899 mit einem Liebesmahl von 300 bis 400 Christen eingeweiht worden war. Die alten Benders ließen sich in der

Nähe nieder. Hermann lebte zeitweilig im selben Haus, zog aber Ende 1907 in eine Wohnung in seiner Fabrik, deren Alleineigentümer er inzwischen geworden war. Der alte Carl Bender reiste weiterhin predigend durch Deutschland. Auf einer Prediger-Konferenz in Köln wurde er Ende Oktober 1908 krank. Er eilte nach Hause, wo sich seine Lage so verschlechterte, dass er bald zu sterben fürchtete. Aber nach sechs Wochen hatte er sich soweit erholt, dass er Mitte Dezember und zu Weihnachten in der Gemeinde reden konnte. Als 71jähriger fühlte er sich danach für längere Berufsreisen nicht mehr tauglich, arbeitete aber in der lokalen Gemeinde noch weiter. Anfang 1909 lobte er in seinen Lebenserinnerungen Gottes Güte, Barmherzigkeit, Gnade, Geduld und Treue und teilte mit, dass er in seinem Beruf irdische Schätze nicht gesammelt habe, aber 17 Enkelkinder habe, schuldenfrei dastehe und darauf vertraue, dass seine Kinder der Mutter die Kindesliebe nicht entziehen werden, wenn er vor ihr sterben sollte. Der letzte Satz seiner Erinnerungen lautet „Sein heiliger herrlicher Name sei ewiglich gepriesen". Carl Bender starb am 23. Mai 1912 in Kierspe. Seine Frau Katharina starb am 13. Dezember 1923 ebenfalls dort.

Carl Bender hat seine Lebenserinnerungen ohne Kapitelunterteilung in kleiner Kurrent-Schrift auf schmuckvollen, durchnummerierten Blättern mit jeweils einem Bibelspruch als Kopf geschrieben. Die Blätter waren ein Hochzeitgeschenk des Ehepaars von Gemmingen für die ‚lieben Geschwister in Christo Katharina Throm und Carl Bender'. Die Originale sind verschollen. Eine nicht ganz vollständige

Fotokopie – die Seiten 26 und 27 fehlen – wurden von meinen verstorbenen Vettern Hermann Höffken und Günter Runkel in äußerst mühsamer Arbeit entziffert und in die heute gebräuchliche lateinische Schrift transkribiert. Die alte Rechtschreibung und Grammatik von Carl Bender blieb dabei erhalten. Fehlende und unklare Stellen habe ich in eckigen Klammern [] sinngemäß ergänzt oder durch Fragezeichen kenntlich gemacht. Die Original-Nummerierung ist in der hier folgenden Wiedergabe des Carl Bender'schen Textes oben über dem Bibelspruch angegeben, ggfs. mit dem Vermerk F (=Fortsetzung), wenn der winzige handschriftliche Text nicht in gut lesbarer maschinenschriftlicher Fassung auf einer Seite unterzubringen war. Unten auf den gedruckten Seiten befindet sich eine fortlaufende Nummerierung.

Hermann Röhm, 17.10.2021

Carl Benders Familienchronik

Glaube, Liebe, Hoffe

Den lieben Geschwistern in Christo
Katharina Throm und Carl Bender
mit herzlichsten Segenswünschen
zu ihrer bevorstehenden Vermählung
von ihren im Herrn verbundenen
Sylvie und Julius von Gemmingen
Dezember 1884

1
Unsere Hülfe stehet im Namen des Herrn, der Himmel und Erde gemacht hat.
Ps. 124, 8.

Mit Gottes Hülfe und unter Seiner gnädigen Führung ließ Er mich für meine verwaisete und mutterlose Familie eine neue Gattin und Mutter finden.

Durch Schwester Lydia Günther, Vorsteherin des Asyls Proth. Ilanan in Gernsbach, wurde ich auf ihre Mitarbeiterin Kath[arina] Throm aus Adelsheim aufmerksam gemacht.

Die warmen Empfehlungen dieser neten bewährten Diakonißin u[nd] Arbeiterin im Dienst des Herrn ließen mich darin die Winke des Herrn erkennen, u[nd] im Vertrauen auf den Herrn wie auf geschwisterlichen Rath sandte ich am 15ten September 1884 an Schw[ester] Katharina eine schriftliche Erklärung meiner Liebe, welche mir inzwischen der Herr ins Herz gab, und erhielt einige Tage später von ihr die Erklärung ihrer Liebe zu mir u[nd] den verwaisten Kindern.

Von Angesicht uns gegenseitig unbekannt, fühlten wir, daß unsre Herzen doch eins waren. Am 22ten Sept. reiste ich nach Mannheim, um zum erstenmal meine von Gott geschenkte Braut zu begrüßen. Dank u[nd] Anbetung erfüllte nach dem 1ten Gruß u[nd] Umarmung unsrer Herzen, u[nd] wir beugten unsre Knie vor Ihm, unserem geliebten Herrn und Heiland, der unsre Wege zusammengeführt. Es waren einige Tage seliger Gemeinschaft, die wir dann sowohl in Mannheim

21

2
**Fürchte dich nicht, Ich bin mit dir! Weiche nicht,
denn Ich bin dein Gott!
Jes. 41, 10.**

als daheim im Familienkreise, bei den Eltern in Adelsheim verleben durften. Am Freitag den 26ten Sept. haben wir bei den Eltern die Verlobung gefeiert, u[nd] Vater und Mutter haben mit uns samt den Geschwistern um den Segen des Herrn zu unserer Verbindung gefleht. Möge der Herr die vielen Segenswünsche, welche uns allerwärts von Verwandten u[nd] Freunden zugingen, in Gnaden an uns erfüllen. Zu Hause wieder angekommen, theilte ich den Kindern das freudige Ereignis mit, welche es mit Jubel begrüßten, und dann den Tag sehnlich erwarteten, wo sie ihre neue Mama sehen u[nd] begrüßen sollten.

Am 13ten October reiste ich dann nach St Johann, um sie zu einem Besuche auf einige Wochen nach Solingen abzuholen, u[nd] traf am Sonnabend den 18ten mit ihr hier ein, wo wir dann von unsern Kindern mit Freuden abgeholt wurden. Der Herr hatte über Bitten und Verstehen die Kinderherzen der Mama zugewendet, daß sie ihr vom ersten Augenblick an in Liebe zugethan wurden. Auch die Liebe der übrigen Verwandten, der Brüder und Schwestern der seligen Gattin, trat ihr überall bei unseren Besuchen entgegen, sowie auch der Brüder in Elberfeld u[nd] Barmen. Die Brüder hierorts, die Gemeinde begrüßte diese Verbindung ebenfalls mit Freuden.

3
Ich stärke dich, und helfe dir auch, Ich erhalte dich durch die rechte Hand Meiner Gerechtigkeit.
Jes. 41, 10.

Am 5ten November, nachdem wir hier und auswärts überall den Verwandten und nächsten Freunden unsern Besuch abgestattet, reiste die Braut wieder nach Saarbr[ücken] (St. Johann) zur Schwester zurück, um bis zu ihrer völligen Uebersiedlung dort zu verweilen und sich dazu einzurichten.

Am 2ten Dezember reiste ich dann abermal nach Saarbrücken, um sie heimzuführen, u[nd] traf am Freitag Abend (am 5ten) hierselbst ein. Der Tag der Hochzeit wurde verschiedener Gründe willen:

1tens, weil es im Haushalt noch Manches vorher zu ordnen galt, 2tens, weil die leibliche Schwester Johanna in St Johann a/Saar, die dort Kleinkinderschule von 2-300 Kindern zu leiten hatte und zu Weihnachten erst Ferien bekam u[nd] der Feier beiwohnen wollte, auf Samstag den 27ten Dezember, Tag nach Weihnachten verlegt und Br[uder] Prediger Neviandt, Aelteßter der freien evangelischen Gemeinde in Elberfeld gebeten, die Trauung zu vollziehen, welches er auch mit Freuden übernahm.

Unsere Absicht war: Die Hochzeit im kleinen Kreise der Verwandten zu feiern. Dagegen erhob aber die Solinger Fr[eie] ev[angelische] Gem[einde] Widerspruch. Die Mitglieder wollten doch gerne an dieser Feier Theil nehmen

3F

u[nd] so gestaltete sich diese zu einem Gemeindefest und Liebesmahl.

Br[uder] Neviandt hielt eine warme und herzliche Ansprache die ihm vom Herzen und uns allen zu Herzen ging.
Hiermit trat nun ein neuer Abschnitt des Lebens in unsrer Familie ein. Doch ist ein Rückblick auf die 1te 17jährige [Ehe]

4
Schmecket und sehet, wie freundlich der Herr ist; wohl dem, der auf Ihn trauet.
Ps. 34, 9.

ebenfalls hier am Platze, da ich bisher eigentliche Aufzeichnungen nicht gemacht habe. Nur mündliche Mittheilungen sind den Kindern bei der einen oder anderen Gelegenheit zu Theil geworden. Diese Familienchronik ist, wie die Widmung vorne zeigt, von Herrn Baron von Gemmingen in Gernsbach, Baden, uns zum Präsent gemacht worden bei unserer Vermählung.

Da sie aber die Lebenserfahrungen der C. Bender'schen Familie in sich aufnehmen soll, so kann der frühere Abschnitt nicht unberücksichtigt bleiben und [ich] beginne denn mit einer kurzen Selbstbiographie, was meinen Kindern nach meinem Ableben vielleicht von Interesse sein dürfte.

Meine Jugenderinnerungen reichen ziemlich weit zurück und wohin sie nicht mehr reichen, da kommen einige amtlichen Schriftstücke ihnen zu Hülfe.

Mein Vater war nach dem noch vorhandenen Geburtszeugnisse von Pfarrer Joh. Ludw. Schlohser in Westerburg (Nahsau) der eheliche Sohn seiner zur Zeit seiner Verheirathung verstorbenen Eltern, 1 des Schreinermeisters Johann Carl Bender u[nd] dessen Ehefrau2 der Sophie Cristine Bender geb. Crämer aus Westerburg.

Er besaß 3 Schwestern:

4F

1) Kath[arina] später verheirathet mit dem fürstl[ich] Wied'schen Förster Hälm, z.Z. Verwalter im Schlosse Montrepas b/ Neuwied.

2) Amalie, verheirathet mit einem Landwirth, Namens Elscheid zu Hüttenberg, später Gönnersdorf bei Neuwied.

3) Johannette, ledig geblieben und von einem Onkel, dem fürstl[ich] Wied'schen Förster Hodler, welcher keine Kinder in seiner Ehe besaß, adoptirt. Dieser wohnte in Wollendorf b/ Neuwied.

5
Danket dem HErrn, denn Er ist freundlich,
und seine Güte währet ewiglich.
Ps. 106, 1.

Nach glaubwürdigen Zeugnissen hatten letztgenannter Onkel, u[nd] die <u>Tante</u> die wohl eine Blutsverwandte dieser Kinder war, diese nach dem Tode ihrer Eltern zu sich genommen und erzogen. Noch erinnere ich mich klar daß mein Vater mit mir dort Besuche machte. Noch sehe ich die großen Jagdhunde, die Jagdtrophäen, Hirschgeweihe und Rehkronen an den Wänden des Wohnzimmers umher aufgehängt sammt den Jagdflinten. Er soll ein geübter aber auch verwegener Schütze gewesen sein. Eines Sonntags morgens, als er von einem Patrouilliengang zurückkehrte, fragte ihn ein Bauer, der in seiner halbirten untern Hausthür auf den Armen lehnte u[nd] seine irdene Pfeife rauchte: Nun Sonntagsjäger, wie stehts? hast wohl fehlgeschossen? Der Onkel erwiederte die spöttische Frage nicht, ging weiter, hielt in einiger Entfernung still, nahm das Gewehr von der Schulter, legte an und - puff - flog dem Bauer die Mutzpfeife vom Munde weg. „Das war für den Sonntagsjäger", sprach der Alte und ging weiter. Dem verdutzten Bauern lag es dann wohl fern, für den verwegenen Schuß ihn anzuzeigen.

Ebenso erinnere ich mich noch der Besuche bei dem Onkel Hälm auf Montrepas (oder Monrepos wohl richtiger) der schönen Aussicht von den Ausläufern des Westerwaldgebirges auf den Rhein; der Besuche bei den andern Onkeln und

Tanten. Daß zwischen meinem Vater und seinen Schwestern eine Spannung eintrat, wurde mir erst in späteren Jahren klar.

Mein Vater hatte das Schneiderhandwerk erlernt, in Neuwied als Geselle 4 Jahre bei dem fürstl[ichen] Hofschneidermeister Graas gearbeitet, lernte dann meine Mutter kennen, die Tochter des Heildieners Philipp Haas, Namens Juliane und verheirathete sich mit ihr gegen Ende 1835, nachdem er als geb[ürtiger] Nahsauer sich das Neuwieder Bürgerrecht für 18 Thaler 79 Gr[oschen] 10 Pf[ennig] erworben hatte. Ueber die Nörgeleien und Chicane der damals bestehenden Zunft, die meinem Vater das Meisterwerden suchte unmöglich, wenigstens beschwerlich zu machen, liegt noch aus jener Zeit die Abschrift einer Beschwerde an die Regierung vom October 1835 vor, welche ein trauriges Licht auf die derzeitige Zunftwirthschaft und ihre Geldprellerei wirft und schließlich auch als eine mit Fluch beladene Einrichtung ihr Ende fand. Noch heute erfüllt es mich mit Wehmut, als ich im Jahre 1859 einen dieser Meister, als Gehülfe bei seinem Sohn, näher kennen lernte u[nd] mit ihm, einem Quäker, religiösen Disput bekam u[nd] wahrnehmen, daß die einstige Quäkergemeinschaft zu einer geistlosen Gesellschaft geworden, wie auch die Mennoniten.

6
Lasset das Wort Christi unter euch reichlich wohnen;
lehret und vermahnet euch selbst
mit Psalmen und Lobgesängen.
Col. 3, 16.

Aus dieser Ehe entsproßen 3 Kinder, die älteste Schwester Christine, die jüngste Maria und ich. Die beiden Schw[estern] starben im jugendlichen Alter. Der jüngsten kann ich mich noch erinnern u[nd] auch mit einem Weh über meine Unart. Denn eines Tags, als ich mein Schwesterchen wiegen sollte, dies mir aber unbequem war, stieß ich die Wiege im Verdruß so heftig hin und her, daß sie umkippte u[nd] mein Schw[esterchen] hinaus in die Stube rollte, glücklicherweise ohne weiteren Schaden zu nehmen, mir aber wohlverdiente Schläge einbrachte.

Nach einer knapp siebenjährigen Ehe starb meine liebe Mutter nach mehrmonat[igem] Krankenlager im Herbst (November) des Jahres 1842. Noch steht mir klar vor Augen, daß mein Vater mich Morgens auf dem Arm an das Bett trug und mir sagte, daß die Mutter gestorben sei. Ich strich ihr mit der Hand über das Gesicht und wollt sie liebkosen, aber sie war kalt und stumm u[nd] mich schauderte. Noch begriff ich nicht ganz, was es heißt, keine Mutter mehr zu haben, doch lernte ich's später kennen. Ich war 20. Jan. 1838 geboren 3 3/4 Jahre also alt, als sie starb. Mein Vater wirthschaftete dann mit einer etwas entfernten Verwandten bis er sich im August 1843 mit der 2ten Mutter verehelichte. Maria Philippine Zorn aus Neuwied. Mit dieser Frau lebte er bis Februar 1847, also

6F

3 1/2 Jahr. Aus dieser Ehe gingen 2 Kinder hervor, die an Zahnkrämpfen starben. Ich blieb allein übrig. Er bekam eine Lähmung des linken Armes. Derselbe starb förmlich ab, das Geschäft ging zurück, wir kamen dadurch in Schulden. Gesellen mußten entlassen werden. Der Vater bekam dann die Schwindsucht u[nd] als er die Augen geschlossen u[nd] beerdigt war, wir vom Grabe zurückgekehrt waren, war die Wohnung vollständig leer, kein Stück Möbel mehr vorhanden, so daß ein mitleidiger Hausbewohner uns in seiner Wohnung einige Tage und Nächte beherbergte, auf einem Strohsack uns auf der Erde ein Bett zurechtmachte. Der Herr lohne es ihm!

7
**Haltet an am Gebet und wachet in demselben
mit Danksagung.**
Col. 4, 2.

Als ich in der Schule eine Bibel haben mußte zum lernen u[nd] die 1te erhielt, machte dies einen tiefen Eindruck auf mich. Gottes Wort in den Händen zu haben, betete auch aus innerem Antrieb zu Gott, daß er es segnen wolle an mir. Ich las dann auch fleißig die Geschichten darin.

Als mein Vater starb war ich nicht zugegen, meine Mutter hatte mich zu ihrer noch lebenden Mutter und Geschwistern gebracht. Als er dann todt war, führte sie mich ans Bett und sagte: „Ja Carl, nun hast du keinen Vater mehr". Da fiel mir ein Gottes Wort ein daß Er, der Herr, ein Vater der Waisen genannt wird (Ps. 68, 6.) und - mich kurz umwendend zu ihr, sagte ich: „Mutter, mein leiblicher Vater lebt nicht mehr, dann wird Gott mir Vater sein". Dies tröstete mich auch. Als er beerdigt wurde, hörte ich Leute, die sagten: wollen mal sehn, wie das Jüngelchen kreischt (weint). Das empörte mich und ich hielt meine Thränen zurück und verbiß meinen Schmerz. Das ärgerte sie und ich hörte sagen: Der Trotzkopf soll noch an's Kreischen kommen. Ja, ich habe geweint, oft geweint, aber nicht vor Menschenaugen.

Einige Tage nachher, als ich aus der Schule kam, erklärte mir die Mutter: Du mußt nun bei deinen Verwandten Unterkommen suchen, ich muß mir eine Stelle suchen, habe auch soweit eine als Wärterin einer Fräulein, kann dich aber nicht mitnehmen. Ich ging zu einem Onkel, Bruder meiner rechten Mutter, bat mich aufzunehmen. Es hieß: Das ging nicht.

Ich ging zu meiner Großmutter, einer über 70 Jahr alten Witwe, die mit der jüngsten Tochter, einer Näherin zusammen wohnte und da damals das Schröpfen noch gebräuchlich war, Sonntags die Landleute schröpfte. Sie hielt mich dann auf dringendes Bitten bei sich und ich war froh, ein Unterkommen zu haben. Das ging etwa 4-5 Monate. Dann starb sie auch. Die Tante ging ans Kleidermachen bei den Leuten, und meines Bleibens war auch dort nicht mehr. Ich ging zum Waisenrath, Namens Spieß,

8

**Wie lieblich sind Deine Wohnungen HErr Zebaoth!
meine Seele verlanget und sehnet sich nach
den Vorhöfen des HErrn.
Ps. 81, 2.5.**

klagte diesem meine Lage u[nd] er rieth mir: einige Tage bei
meinen Verwandten mich zu halten, bis in einer Waisenraths-
sitzung Entscheidung getroffen sei. Dann war beschlossen
worden, mich zu einem Siamosen-Weber, Namens Adel-
mann, der schon 2 Waisenkinder in Pflege hatte, zu bringen.
Bei dieser Familie habe ich bis nach beendeter Schulzeit zugebracht. Dort mußten wir spulen vom frühen Morgen bis
späten Abend.

Die Schulstunden waren unsre Erholungsstunden. Eine
Wohlthat war es für mich, leicht aufzufassen und zu lernen.
Ich besuchte die lutherische Gemeindeschule. Der Unterricht
war gegen die heutigen Volksschulen sehr primitiv. Doch ich
lernte sehr gern, konnte ich Etwas nicht fassen, ging ich zum
Lehrer und bat ihn, mir zu helfen, ruhte auch nicht, bis ich in
der Oberklasse der ersten Einer war, las jeden Wisch, den ich
erhaschen konnte. Meinem Vater war dieser Lerntrieb auch
aufgefallen, u[nd] eines Tags Äußerte er zur Mutter: wenn
Gott mich gesund läßt, soll er was Tüchtiges lernen, dann
schicke ich ihn in die Bürgerschule. Doch es konnte nicht
sein, so gerne ich sie besucht hätte, die Mittel fehlten. Da in
dem traurigen Winter 1847, wo Theurung herrschte, [ich] oft
nicht satt zu essen hatte, so war mein Aussehen elend. Als die
Armen sich auf der Bürgermeisterei Brodmarken holen

33

konnten; der Fürst zu Wied in seiner Schloßküche für die Armen kräftige Erbsen Bohnen-Graupensuppen kochen ließ, da fiel es meinen Eltern sehr schwer, sich zu diesen Leuten zählen zu lassen, denn mein Vater besaß Ehrgefühl, will nicht sagen Ehrgeiz, er geizte nicht darnach hielt aber seine Bürgerehr hoch. Doch es musste sein, Noth bricht Eisen.

Wir mussten Brod kaufen ohne Geld und umsonst, mir später oft ein guter Commentar zu Jesaias 55, 1 u[nd] 2 gewesen. Wer bei unserm Gott sich einstellen soll als Hülfloser u[nd] Hülfbedürftiger, muß vorher bankrott geworden sein. Nur so wurden wir vor dem Verhungern bewahrt.

O Herr, vergelte es dem fürstlichen Hause in Deiner Gnade!

9
**Was wahrhaftig ist, was ehrbar, was gerecht, was
keusch, was lieblich, was wohl lautet, dem denket nach.
Phil. 4, 8.**

Die Jahre bis zu Pfingsten 1852 waren zwar harte aber
für mich gesunde Jahre, ich lernte arbeiten, entbehren, dulden, beten. Habe zwar oft mein Stück Brod als Thränen-Brod
genossen. Der Pflegevater war ein guter Mann, dann u[nd]
wann trank er eben ein Gläschen Schnaps u[nd] wenn er's
wieder mal gekostet, dann war er nicht mehr Herr über sich.
So schlug er eins der Waisenkinder, einen Knaben in seinem
Rausche bald Todt. Das wurde durch Dazwischentreten anderer verhindert. Die Frau, eine sparsame, reinliche, tüchtige
Hausfrau, hatte cholerisches Temperament.

Als ich eines Tags am Spulrad das Faden-Ende auf der
Spule verloren hatte, indem es beim Abreißen sich hineinge-
zogen und ich mit der Bürste vergeblich darnach suchte, sie
es dann suchte und auch nicht fand, wurde sie zornig, stand
auf, gab mir mit dem Fuße einen Tritt, daß ich auf's Rad und
mit diesem umfiel. Der älteste Sohn, ein schon gedienter Soldat, der auf einem Webstuhl saß, der Vater gegenüber auf
dem andern, ich mit meinem Rade zwischen beiden, als der
die Mutter so in Zorn sah, stieß einen Fluch aus u[nd] sagte:
"Vielleicht geht Einer oder der Andre Deiner Jungens bei
dem Carl nochmals betteln". Ich erschrak darüber, der Vater
warf das Webschiff nach seinem Sohne. Beide sprangen vom
Stuhl u[nd] Vater und Sohn schlugen und rauften sich, bis die

Wuth sich gelegt. Daß ich bitterlich darüber weinte, daß ich das Streitobjekt war, ist leicht begreiflich.

Doch hätte ich im späteren Leben nicht geahnt, daß dieses Wort seine Erfüllung finden würde. Als Prediger des Evangeliums habe ich in Solingen einige Mal einen von den jüngsten Söhnen dieser Leute kleiden u[nd] mit Reisegeld versehen müssen. Diesem Jungen hatten wir öfter Schläge zu verdanken. Wie wahr aber: Böses mit Gutem vergelten, ist göttlich, Gutes mit Gutem vergelten, ist menschlich. Böses mit Bösem vergelten, thierisch. Gutes mit Bösem vergelten, ist teuflisch.

10
Seid unter einander freundlich, herzlich, und vergebet Einer dem Anderen.
Eph. 4, 32.

Meine 2te Mutter bekam ich seit meiner Trennung von ihr nicht mehr zu sehen bis im Jahre 1864-65, denn meine Pflegeeltern und Verwandten verboten mir, sie zu besuchen, so unterließ ich es denn. Den Grund habe ich erst in reiferen Jahren erfahren u[nd] da hatte ich selbst keine Neigung mehr dazu. Sie hat sich dann nach dem Tode meines Vaters wieder mit einem Bürstenmacher, Joh. Kempf verheirathet und dieser Ehe entstammen 2 Söhne und eine Tochter, die ich dann auch erst später kennen lernte. Davon später mehr. Nachdem ich die Schule verlassen und confirmiert worden, bestimmte der Waisenrath, daß ich das Schneiderhandwerk erlernen solle, wozu ich zwar wenig Neigung hatte. Die Uhrmacherei hatte mehr Intresse für mich, was mir eines Tags, als ich unsre Standuhr auf der Kommode in Abwesenheit meiner Eltern von innen besah u[nd] darüber ertappt wurde, eine Züchtigung zuzog.

Meine Weigerung nützte mir Nichts, ich musste gehorchen. Der alte Waisenrath, ein Herr Spieß, sagte mir: Junge, ich weiß nicht, was der liebe Gott mit dir vorhat, ich glaube auch nicht, daß du dabei bleibst, aber versprich mir, daß du folgen und mich nicht betrüben willst. Ich hatte gelernt, das Alter zu ehren, vor einem greisen Haupt Ehrfurcht zu haben, ich versprach es ihm u[nd] hielt Wort.

10F

Die jüngste Schwester meiner rechten Mutter hatte einen
Schneidermeister, Namens Ernst Vohs aus Anklasse [An-
klam?] in Pommern inzwischen geheirathet, dieser ward
mein Lehrmeister. Ich war nun bei Verwandten.

Doch nach Verlauf von etwa 2 Jahren ging die Arbeit
schlecht, u[nd] konnte mich nicht mehr ordentlich beschäftigen und ich kam zu einem andern Meister, auch einem entfernten Verwandten. Nachdem die Lehrzeit vorüber war, ich
auch vor der Kreisprüfungskommission meine Gesellenprü-
fung bestanden schnürte ich mein Bündel und ging auf die
Wanderschaft, rheinabwärts nach Cöln, Düsseldorf, Crefeld.
In letzterer Stadt kam ich zu einem Meister auf Empfehlung
meiner Verwandten, dessen Frau eine Jugendfreundin meiner
verst[orbenen] Mutter war. Dort fand ich freundliche Aufnahme. Es war eine achtbare und angesehene Familie. Das
war im Herbst 1855. Dort blieb ich etwa ein Jahr lang, dann
regte sich die Wanderlust, das Bündel wurde geschnürt und
fort gings den Rhein hinauf über Frankfurt durch Hessenland,
Thüringen bis Leipzig. Die beiden Städte Frankfurt und
Leipzig waren mir wegen ihren großen Messen intressant. So
brachte ich etwa 5-6 Wochen auf der Wanderschaft zu, dann
hatte ich genug davon, nahm Arbeit an, erst Leipzig, dann
Halle a/Saale.

11
Ihr Männer, liebet eure Weiber,
gleichwie Christus geliebet hat die Gemeine.
Eph. 5, 25.

In dieser alten Hallorenstadt gefiel es mir. Vom Herbst 1856 bis Himmelfahrtstag 1859 habe dort zugebracht. Doch muß ich noch eines Umstandes erwähnen. Bei meinem Lehrmeister u[nd] Onkel bekam ich im linken Knie eine dicke Geschwulst, man sagte mir, es sei Folge einer Erkältung. Es wurde Jodsalbe zum Einreiben verordnet u[nd] die Geschwulst verlor sich, aber von da ab fühlte ich eine Schwäche im Knie, knickte auch zuweilen ein. Eines Winterabends wollte ich eine gefrorene Gosse überschreiten, glitt aus u[nd] fiel mit dem Knie gegen einen Stein, so daß es einen großen Riß gab. Zu Hause gebracht, ward zum Arzt geschickt. Der kam und nähte die Wunde zu. Andern Tags ward ich ins Krankenhaus gebracht. Der dortige Arzt ließ sich den Fall beschreiben, trennte die Naht wieder auf, untersuchte das Gelenk, fragte dann, was vorher mit dem Knie passiert sei? Dann theilte ich ihm die Entzündung mit, u[nd] die Jodeinreibung. Bürschchen, sagte er dann, Danke dem lieben Gott, daß Du gefallen bist die Krankheit ist jetzt blosgelegt, sie war nach innen getrieben, jetzt behälst Du Dein Bein, später wäre es schlimm geworden, Du hättest es dann verloren. Es hatte sich eine Unzahl Eiterperlen im Gelenk angesetzt, diese wurden dann entfernt, Lohbäder u[nd] dgl. verordnet u[nd] 20 Wochen mußte ich in Geduld die Heilung erwarten. Hier kam ich unter mehr christlichen Einfluß, las auch manches gute Buch,

11F

und das Verlangen, "selig zu werden" erwachte im Herzen. Doch an klarer Erkenntnis über den Zustand des Herzens nach der Schrift fehlte es u[nd] von Bekehrung wusste ich Nichts. Diese Erkenntnis ging mir in Halle auf. Die Kirchen besuchte ich nicht. Hatte sie seit der Confirmation wenig mehr in der Heimat besucht, nachher gar nicht mehr. Sonntags wurde vielfach bis Mittag gearbeitet, Nachmittags spazieren gegangen aufs Land hinaus.

Doch blieb ich vor Vielem, welchem Manche meiner Collegen erlagen, durch die Gnade Gottes bewahrt. Ihr lockeres leichtes Leben ward mir zuwider. Ich fühlte eine innere Leere. Der so dreist u[nd] dreister werdende Unglaube, [?] anderseits der Todt. Formalismus u[nd] Kirchlichkeit stießen mich ab, brachten mich an's Fragen nach der Wahrheit und in's Gebet. Der Herr erhörte mich auf Seine Art und Weise. Das Geschäft machte bankrott, mir verging die Lust, länger zu weilen u[nd] in ein anderes Geschäft zu gehen u[nd] mit einem gläubigen Wandrer Namens Jung, begab ich mich auf die Wanderschaft nach dem Rhein nach meiner Heimath, blieb etwa 8-9 Monate dort, während Jung bald nach Elberfeld ging, wohin es ihn zog, weil er mir ich [?] keine rechte geistl[iche] Nahrung u[nd] Pflege fand. Dann zog es auch mich dorthin, obgleich damals die Cholera dort auftrat, aber auch eine größere geistliche Erweckung eintrat. Dort fand ich dann auch, was ich bedurfte und wonach die Seele im tiefsten Grunde verlangt hatte, das Heil u[nd] den Heiland, Heilsgewißheit und Gemeinschaft. Kurz vorher fühlte ich in meiner

11F

Heimath wieder die tiefe Leere, ohne Vater, ohne Mutter, Bruder u[nd] Schwester, Fremdgefühl bei den Verwandten u[nd] dgl. m[ehr].

12
Ihr Weiber, seid unterthan euren Männern in dem HErrn, wie sich's gebühret.
Col. 3, 18.

Eines Abends stand ich auf der Straße in Neuwied, sah zum gestirnten Himmel auf u[nd] rief: Herr, wohin soll ich gehen, hier ist meines Bleibens nicht? Eine innere Stimme sagte mir: "nach Elberfeld". Der Entschluss war denn auch bald gefasst, [ich] schrieb an Jung und er schrieb mir umgehend: ich sollte dorthin kommen. Diese Zeit war die entscheidende für mein ganzes Leben. Dort schloß ich mich dem Jünglingsverein an, hörte Gottes Wort lauter verkündigen, besuchte auch Versammlungen und eine solche wurde mir zum besonderen Segen, da ein alter Mann mit mir persönlich sprach u[nd] mir sagte: daß der Herr mir Selbsterkenntnis gegeben, die das Heilsbedürfnis erweckt habe, aber er würde mir auch die Erkenntnis Seiner Person u[nd] Seines Werks geben und die Heilsgewißheit. Das könne kein Mensch mir geben, das sei Seine Gabe. Ich verstand ihn, ging nach Hause, betete darum u[nd] Er erhörte mich, gab mir Antwort durch die heilige Schrift. Dieses war im Frühjahr 1860. Der Geist Gottes gab Zeugnis Meinem Geiste: daß ich Gottes Kind und Eigentum sei. Wie erschloß sich mir da die heilige Schrift als Gotteswort! Wie wahr, was einst mir Jemand sagte: als ich nach Beweisen fragte: „Der Beweis der Wahrheit liegt in der Wahrheit". Ja wahrlich, wenn alle Bibelkritiker die Wahrheit die in Christo Jesu ist, nicht erkennen können, so hebt das Sein Selbstzeugnis nicht auf: „Ich bin der Weg, die Wahrheit

12F

und das Leben" und: „Ich bin dazu geboren und in die Welt
gekommen, daß ich die Wahrheit zeugen soll, wer aus der
Wahrheit ist, der höret meine Stimme." Ich hörte Seine
Stimme in der h[eiligen] Schrift, die Stimme der Wahrheit. -
Sie geben dann zu erkennen, daß sie entweder kein Organ dafür haben, taub sind u[nd] blind- oder mit sehenden Augen
nicht sehen <u>wollen</u> und mit hörenden Ohren nicht hören <u>wol-
len</u> aus Feindschaft gegen Ihn, die Wahrheit. Doch genug!

In dieser ersten Freude stehend, hörte ich im Jünglingsverein einen Aufruf von der Chrischona vorlesen, welche
junge Leute als Missionszöglinge suchte. Da regte in mir sich
auch der Gedanke. Doch der Herr hatte es anders beschlossen, ich mußte zum Militair. Dort war die Schule für mich,
bei dem 7ten Pionirbataillon in Deutz. Der Gedanke: wirst du
auch Stand halten? ängstigte mich und trieb mich in's Gebet.
Die Antwort für mich kam aus Jeremias 15,19. u[nd] so ward
es. Diese Zeit war für mich gesegnet. Zunächst schloß ich
mich in Cöln dem Jünglingsverein an, nachdem wir Rekruten
ausgehen durften. Mit dem Bekenntnis musste auch gleich
herausgerückt werden, doch der

13

**Im Schweisse deines Angesichts sollst du dein Brod
essen, bis dass du wieder zur Erde werdest,
davon du genommen bist.
1. Mos. 3, 19.**

Herr gab Gnade dazu. Im Jünglingsverein herrschte jedoch
ein etwas andrer Geist, als in Elberfeld. Unter Anderm wurde
auch öfter über Secktirer rässonirt, wovon ich weniger Kenntnis hatte, dann auch ein Bender erwähnt, der in Cöln Bibel-
stunden hielt. Bei näherm Fragen darnach wurde mir gesagt:
das sei auch ein Secktierer, wo er Vers[ammlung] hielt,
wollte man mir doch nicht sagen, sonst könne ich nicht mehr
in den Verein. Doch erfuhr ich's auf anderm Wege u[nd] ging
hin. Der erste Besuch war für mich entscheident. Der Vortrag
enthielt das, was ich wünschte, Belehrung über Schriftwahr-
heiten. Bei dem 2ten Besuch fand ich auch einen Pionir anwesend von einer anderen Companie, Georg Hoffmann aus
Oberschelden (Siegerland). Durch diesen wurde ich bei einer
Schreinersfamilie, Anton Schmitz eingeführt, wo auch Br[u-
der] L. Bender wohnte. Dort war dann für die ganze Dienstzeit unser Soldatenheim, wo wir gesegnete Stunden in der
freien Zeit genossen. Der alte Vater war ein Mann für junge
Leute, erfahren, humorvoll, u[nd] mit echt heiliger Natürlich-
keit begabt. Es wurden auch noch einige bei unserm Trup-
pentheil bekehrt u[nd] wir hatten dann intime Gemeinschaft.
Ein solches Heim ist für einen jungen Mann beim Militair
eine große Wohlthat. Manche intressante Lebenserfahrung,
Gebetserhörung wurde sowohl von ihm mitgeteilt, als auch

von uns, doch das würde zu weit führen, wollte ich Alles erzählen. Die 3 Jahre Dienstzeit waren uns rasch vergangen.
Inzwischen hatten wir auch auf Wunsch einiger Siegerländer
Br[üder] zu dem Weihnachtsurlaub das Siegerland besucht
und weiter Bekanntschaft mit Brüdern dort angeknüpft. Am
2ten Feiertage fand vor der Haardt in Weidenau Ouartalver-
sammlung statt in einem einfachen Saal ohne Fußboden. Die
blose Erde war Boden, in welchem Pfählchen eingeschlagen
u[nd] rohe Bretter drauf genagelt waren. Gesang, Schriftbetrachtung, Alles stimmte zum Raum, höchste Einfachheit,
aber kernhaft, kurz und bündig. Dort nöthigte der alte Br[u-
der] Spiehs mich auch, zum erstenmal in einer Versammlung
den Mund aufzuthun und mitzureden. Einer solch' urwüchsi-
gen Versammlung hatte ich noch nicht beigewohnt. Am
Schluß gingen Viele in ein benachbartes Haus u[nd] tranken
Kaffee an langen Tischen. Ich glaubte, es sein ein Gasthaus.
Der vermeintliche Gastwirth lehnte an einem Pult und sah zu,
wie es den Gästen schmeckte. Die fertig waren, gingen und

14
Lass leuchten Dein Antlitz über Deinen Knecht!
Hilf mir durch Deine Güte.
Ps. 31, 17.

Andre nehmen ihren Platz ein. Ich ging an's Pult, fragte den Wirth: was meine Schuldigkeit sei? „Das Wiederkommen". lautete die gemüthlich trockne Antwort. Ich fragte: ist das denn hier kein Gasthaus? Doch - aber Schenkwirthschaft! hies es wieder. Nun ging mir ein Licht auf über Gastfreiheit im größeren Styl. Das war bei dem bekannten Br[uder] August Fuchs, der einem einfachen Hüttenarbeiter glich, aber Gruben- und Hüttenbesitzer war und ein bedeutendes Vermögen besaß. Nun, meine Wiederkehrschuld habe ich später abgetragen und wieder neue gemacht.

Inzwischen gingen die 3 Jahre Dienstzeit um. Diese waren für mich eine gute Studien- und Segenszeit. Als ich eintrat, kannte ich keine Unterschiede der christlichen Versammlungen und Gemeinschaften. In Jedem, der gläubig war oder zu sein bekannte, sah ich den Bruder. Vor Weihnachten 1860 machte ich eine für mein späteres Glaubens- und Gemeinschaftsleben entscheidende Erfahrung. Unser Feldwebel ließ die Companie zum Appell antreten und fragte, zuerst die Katholiken: Wer will Weihnachten zur Communion gehen? Die dieses Willens waren, meldeten sich, wurden notiert u[nd] hatten zur Beichte Dienstfrei. Dann fragte er die Evangelischen? Wer zum Abendmahl gehen wollte? Keiner meldete sich, auch ich nicht. (Noch hatte ich seit meiner

14F

Confirmation nicht mehr daran Theil genommen.) Da wurde
der Mann böse u[nd] fragte? Sind denn keine vermaledeiten
Sünder unter euch? Dann will ich welche bestimmen, sie, sie,
sie u.s.w (Namen wurden aufgerufen) ihr geht zum Abendmahl u[nd] bekräftigte dies noch mit einem Fluch. Ich blieb
davon verschont, aber diese Sache brachte mich zum Nachdenken und in die h[eilige] Schrift. Durch das Lesen der diese
Sache betreffenden Stellen wurde mir klar, was mir bisher
noch unklar war. Ich kann den inneren Kampf nicht schildern,
den ich durchmachte. Die gewonnene Erkenntnis wollte nun
in die Praxis übertragen sein. Noch wusste ich nicht, daß in
Cöln Sonntags Morgens sich Kinder Gottes zur Feier des
Abendmahls, getrennt von offenbar Ungläubigen, nach der
h[eiligen] Schrift sich versammelten, sowie zur gemeinsamen
Schriftbetrachtung.

Ich ging zu dem alten Br[uder] Schmitz, theilte diesem
meine Erfahrung, meinen inneren Kampf und gewonnene
Überzeugung mit u[nd] fragte ihn, was ich machen u[nd] wohin ich mich wenden solle? Denn nun war es mir zum Bedürfnis geworden. Er lud mich ein, des Sonntags Morgens,
nach dem Versammlungslokal der engem [?] Gemeinschaft
zu kommen. Dort fand ich, was ich wünschte u[nd] schloß
mich den Brüdern an, die heute die freie evangelische

15
Werfet euer Vertrauen nicht weg,
welches eine grosse Belohnung hat.
Ebr. 10, 35.

Gemeinde darstellen, deren Prediger Leopold Bender später noch wurde. Damals war er Evangelist in Diensten des ev[angelischen] Brüdervereins.

Der Umgang mit diesem schriftkundigen u[nd] begabten Bruder, der als Autodidakt groß dastand u[nd] noch heute steht (wo ich dies schreibe) war mir zum großen Segen. Jede freie Stunde brachten wir dort zu. Endlich nahte die Zeit des Abgangs vom Militair. Kurz vor Pfingsten 1863 erhielt ich vom Inspektor des Brüdervereins, Pastor Hensen, eine Einladung, am Dinstag nach Pfingsten einmal zur Sitzung des Vereins nach Elberfeld zu kommen. Der 1te Gedanke war: was wollen denn die Brüder? Ich fragte Br[uder] Schmitz darum, der meinte: die werden Dich wohl in die Dienste des Vereins berufen wollen. Ich erschrak, als ich dieses hörte, denn dieser Gedanke lag mir jetzt fern. Ich trug Auswanderungspläne in mir herum. Im Umgang mit Br[uder] Leopold Bender hatte ich etwaige Illusionen und unrichtige Vorstellungen über den Missionsdienst verloren. Ich kam in eine Klemme. Sollst Du nach Elberfeld fahren oder nicht? Da ich aber eine Antwort schuldig war, so wollte ich sie doch, womöglich persönlich, geben und bat meine Vorgesetzten um Urlaub bis Dinstag Abend. Dieser wurde mir abgeschlagen. Mein Sergant hatte bei dem Feldwebel u[nd] dieser bei dem Hauptmann darum angefragt. Es wurde aber abgeschlagen. Ich freute mich

48

darüber, denn es schien mir eine Antwort des Herrn darin zu liegen, nämlich die: daß es nicht Sein Wille sei. Meinem Serganten hatte ich gesagt: es ging mir bei dem Urlaubsgesuch nicht um die beiden Pfingsttage, sondern um den Dinstag darnach, da ich eine Einladung von dort her erhalten hätte, die für mein späteres Leben vielleicht entscheidend sein könnte.

Am Dinstag Morgen sagte mir der Sergant: Sie wollten ja gerne heute in Elberfeld sein, fahren sie hin, ich kann sie heute dispensieren, sie sind ja 10 Uhr Abends wieder in der Kasematte (Kaserne in Deutz). Jetzt kam ich in Verlegenheit, bat um einige Minuten Bedenkzeit, ging in die Stille allein und betete. Die Erlaubnis war also da, folglich war es auch Pflicht, der Einladung zu folgen u[nd] Zeit genug, um den nächsten Zug zu benützen. Auf dem Wege zur Bahn fragte ich nochmals: Herr, bin ich auf rechtem Wege, auf Deinem Wege? Zog mein Testament aus der Tasche u[nd] bat um einen Spruch. Er ward mir zu Theil in Ps. 23.3: „Er führet mich auf rechter Straße um Seines Namens willen". Ich war überrascht, eilte dann getrost zur Bahn u[nd] fuhr hin, meldete mich bei dem Präses, Br[uder] Grafe. Dieser nahm mich freundlich auf, sagte mir: daß sie daran gedacht, mich nach beendeter Dienstzeit in diesen Dienst zu berufen, fragte dann,

16
HErr, weise mir Deinen Weg, und leite mich
auf richtiger Bahn.
Ps. 27, 11.

wie ich dazu stünde? Hierauf gab ich zur Antwort: daß es mir unmöglich sei, heute eine bestimmte Erklärung abzugeben, die Sache sei mir noch nicht klar, ich müsste noch bestimmte Weisungen vom Herrn haben. Das schien ihm zu gefallen. Nun sagte er: bis Herbst, bis zur Entlassung ist noch Zeit genug, um damit in's Reine zu kommen. Er nahm mich mit in die Sitzung u[nd] stellte mich den übrigen Br[üdern] vor. Diese hegten dann den Wunsch u[nd] die Hoffnung: daß es wohl dazu käme. Abends reiste ich nach Deutz zurück mit den widerstreitendsten Gedanken und Gefühlen, tröstete mich aber auch mit dem Gedanken: bis Herbst ist noch lange hin. Doch der Herbst und die Entlassung und eine neue Einladung kam, aber ich war über den Willen Gottes noch im Unklaren.

Da ich bei meinem Eintritt zum Militair meine Civilkleider verkauft hatte, auch kein Geld bei der Entlassung besaß, um neue zu beschaffen u[nd] in dem Reserve Anzug mich nicht mehr sehen lassen konnte, weil er so schlecht war; auch mit Leopold Bender einer größern Versammlung zu Merscheid b/ Solingen beiwohnen u[nd] von da aus mit ihm nach Elberfeld gehen sollte zur Sitzung des Vorstandes am Montag darnach, so borgte ich mir von einem Br[uder] der Cölner Gemeinschaft, Namens Backhaus, das nöthige Zeug.

16F

Eine Hose und eine Weste hatte ich mir zuvor erspart bei dem Militair, aber zu einem Rock konnte ich's nicht bringen.

Bis Langenfeld (Station der Deutz-Düsseldorfer Bahn) fuhren wir, von da aus ging's zu Fuß über Cölnerhöhe, Löhdorf, (wo wir einige gläubige Familien besuchten) nach Merscheid. Dort kamen wir etwas früh an, ich besah mir den Ort, stand sinnend vor einem in Fachwerk gebauten Hause mit Lindenbäumen umgeben u[nd] dachte: wenn es dir irgendwo mal gefallen könnte, heimisch zu werden, dann wäre es hier, nicht ahnend, daß dort die Jungfrau u[nd] ihre Eltern wohnten, die 3 Jahre später meine 1te Frau werden sollte. In dieser Versammlung sollte ich auch ein Wort reden, dies war mir an dem Tage unmöglich. Abends gings nach Solingen-Schlagbaum, wo wir logierten (bei der Familie I. Wilh. Rauh, Messerfabrikant). An diesem Abend, es war der letzte Sonntag im September [18]69 [?], war großer Tumult in der Schützenhalle. Der Sozialistenführer Lasker hatte dort geredet, die Gendarmerie schritt dagegen ein u[nd] es gab ein furchtbares Geschrei und Lärm. Da bekam ich einen Eindruck von Solingen, der mir unvergeßlich blieb. Andern Tags machte ich mit Leop[old] Bender Besuche in Clanberg bei verschiedenen Familien, bei dem kurz vorher verheiratheten W. Lützenkirchen mit dessen ältesten Söhnen ich später noch verwandt wurde durch Heirathen.

17
Lass dir nicht grauen und entsetze dich nicht, denn der HErr, dein Gott, ist mit dir.
Jos. 1, 9.

Nachmittags gingen wir nach Elberfeld zur Sitzung des Brüdervereins. Der Vorstand examinierte mich in Bezug auf Bekehrung, Begabung u.f.m. [?] und fragte dann: ob ich geneigt sei, in den Dienst des Vereins einzutreten? Ich erwiederte, daß ich noch nicht darüber zum Abschluß gekommen u[nd] zu der inneren Überzeugung: daß es <u>Gottes</u> Wille sei, ich hoffte aber, daß der Herr mir Gewißheit geben u[nd] mich Seinen Willen erkennen lassen würde. Auch sei ich nicht in der Lage sofort einzutreten, da mir die nöthige Bekleidung fehle, die ich mir erst verschaffen müsste. Auch wollte ich in meine Heimath zu meinen Verwandten. Dort in der Stille wollte ich harren auf die Winke, die mir gegeben würden. Sobald ich diese erhalten, würde ich schreiben. Damit waren die Brüder des Vorstandes zufrieden und ich reiste über Cöln nach Hause, gab meinen geliehenen Rock wieder ab u[nd] zog meinen Reserve-Anzug wieder an. Ich besaß einen Hypothekenschein von 100 Thalern, die mir eine Tante, die jüngste Schwester meines Vaters als ein Pflichttheil vermacht hatte u[nd] die mein Vormund einem kleinen Landmann auf sein Gütchen geliehen hatte. Ich fragte in Elberfeld einen Bruder des Vorstandes: ob mir Jemand das nöthige Geld vorschießen würde gegen dieses Dokument? Achselzucken war die Antwort.

17F

Als ich nach Cöln zum Br[uder] Schmitz kam, wurde
er unwillig darüber, raffte aber einiges Geld zusammen u[nd]
ging mit mir zu einem jüdischen Händler u[nd] kaufte mir
Rock und Kopfbedeckung. Dies Geld gab ich ihm später zurück. Dann reiste ich nach Neuwied zu meinen Verwandten,
Bruder meiner rechten Mutter und bat um einige Tage Auf-
enthalt bei ihm. Das wurde mir gewährt. Meine Verwandten
kannten meine religiöse Stellung, ließen mich aber in Ruhe,
denn im Jahr [18]59 hatten wir uns schon genügend ausge-
sprochen, was ich nicht alle erwähnen kann u[nd] mag. Dort
ging ich einige Tage betend und fragend umher, eine Antwort
auf irgend eine Art erharrend. Ich ging auch zu einem dort
wohnenden Divisionspfarrer (Höpfner) den ich früher kennen
gelernt hatte, theilte ihm den Ruf des Brüder-Vereins mit und
fragte ihn um seine Ansicht u[nd] Meinung. Dieser warnte
mich vor secktirerischen Bestrebungen. Der Mann stand der
Sache zu fern, und verstand auch meine inneren Nöthe u[nd]
Kämpfe nicht. Als ich nicht mehr wusste, was ich thun sollte,
ging ich mit dem Entschlusse mir einen Paß zu holen; die Hypothek zu versilbern, nach dem Bürgermeisteramt. Ich sagte
mir: „Stillschweigen ist auch eine Antwort - es ist nicht Gottes Wille, daß ich in diesen Beruf treten und mein Handwerk
aufgeben soll, es ist richtiger, Dich darin weiter auszubilden".
In Crefeld hatte ich einen Meister gehabt, der in England
u[nd] Frankreich gearbeitet hatte, ein feiner u[nd] gebildeter
Mann war u[nd] ein schönes Geschäft besaß. Diesen hatte ich
mir zum Vorbild genommen. Als ich nun den Entschluß

gefasst,und auf der Rathhaustreppe stand um einzutreten, war's mir, als rief mir Jemand zu: "Jonas machte sich auf und floh vor dem Herrn und wollte auf's Meer u[nd] da er ein Schiff fand, gab er

18
Ich will Frieden geben an diesem Ort,
spricht der HErr Zebaoth.
Hagg. 2, 10.

Fährgeld und stieg hinein, u.s.w. Da stand ich wie festgebannt und sagte: 0 Herr, ich will nicht ungehorsam sein, will Dir nicht entlaufen, ich will nur das wissen: ob es Dein Wille ist? Ich ging nach Hause, auf die Knie u[nd] in's Gebet. Da kam der Gedanke: Du bist zu jung, zu unerfahren, es ist unmöglich, daß Du in diesem Beruf zu gebrauchen bist. Das machte mich wieder stutzig. Wo kam dieser Gedanke her, dieser Einwurf? War das die Stimme des Geistes Gottes? Der Schrift? Wieder gings zur Schrift, sie musste entscheiden. Mit der Bitte: 0 Herr, gieb mir auch darüber Klarheit und Licht: stieß ich ein spitzes Messer in die geschlossene Bibel. Es war wohl gewagt - aber ich rang nach Licht. Als ich aufschlug und die Stelle las, wo die Spitze stand, hieß es: Jeremias 1,7. Sage nicht: „Ich bin zu jung", sondern du sollst gehen, wohin ich dich sende und predigen, was ich dich heiße." - Nun war's genug, ich hatte göttlichen Bescheid, mehr wollte ich nicht. Ich schrieb dann sofort an den Inspektor, Br[uder] Hensen in Elberfeld: daß ich jetzt meiner Sache gewiß sei und dem Ruf des Vereins folgen wolle, er möge mir die näheren Anweisungen ertheilen. Darauf schrieb er mir ein Empfehlungsschreiben und wies mich an den alten Br[uder] Heinhaus zu Heisterb/ Dhünn. Dort war ich etwa 3 Wochen, ging mit dem Br[uder] durch sein Arbeitsfeld Dhünn, Dabringhausen, Wermelskirchen, Lennep, Hückeswagen u[nd] die Hofschaften dort herum. Es galt, sich nun in diese neue Lebensart- u[nd] Ordnung einzuleben, doch der Herr gab Gnade dazu und ein freudiges Aufthun des Mundes. Es waren meist schlichte Landleute u[nd] Weber unter denen wir uns bewegten. Blieb ich bei einer Ansprache auch mal stecken, so war das nicht schlimm, diente zur Demütigung u[nd] trieb in's Gebet. Als Ende October die Sitzung wieder stattfand, zu der wir hinreisten, fand der Vorstand es angemessen, mich nach Homberg am Rhein zu Br[uder] Hengstenberg zu senden u[nd] er musste auf einige Wochen nach dem Hunsrück. Br[uder] L. Bender war im Jahr 62 dort gewesen, hatte dort offene Thüren für das Evangelium gefunden u[nd] seit dem wurden abwechselnd Brüder dorthin gesendet. In Homberg dem einstigen Schifferdorfe, fand ich bei Br[uder] Hengstenberg u[nd] seiner Gattin und Kindern, eine freundliche und liebevolle Aufnahme. Einige Zeit, *1-2* Wochen waren wir zusammen, wo er mich mit den einzelnen Orten seines Arbeitsfeldes in der Grafschaft Mörs bekannt machte, dann reiste er nach dem Hunsrück, konnte aber nicht die vorgesetzte Zeit dort verweilen, weil inzwischen die Gattin an Lungenentzündung erkrankte. Noch schwebt mir heute, wo ich dies niederschreibe, die Noth u[nd] Angst vor, die nicht nur er als Gatte, sondern auch ich als Hausgenosse empfand, wir beteten inbrünstig um die Erhaltung ihres Lebens. Sie genas auch wieder. Die Bekanntschaften mit vielen lieben Familien, die ich damals anknüpfen durfte, haben sich dann auch ungetrübt erhalten bis heute, da ich fast jedes Jahr ein- oder einigemal die Gegend

18F

u[nd] die Versammlungen besuchen durfte. Viele der Lieben, auch Br[uder] Hengstenberg u[nd] Gattin, sowie der älteste Sohn Friedhelm, sind inzwischen hier abberufen worden, um daheim zu sein bei dem Herrn. Manche leben auch noch.

19
Gott leget uns eine Last auf, aber er hilft uns auch.
Ps. 68, 20.

Zwischen den Kindern und mir besteht das vertrauliche Verhältnis ungestört fort. 1887 im November ging Mutter Hengstenberg Heim u[nd] mir fiel die Pflicht zu, da Pastor Heuser, Inspektor des Brüder Vereins nicht rechtzeitig erschien, am 19ten Nachmittags die Grabrede zu halten. Da ich am selben Abend noch nach Gummersbach reisen mußte und wegen dichtem Nebel kein Dampfboot nach Ruhrort überfuhr, so ruderte mich Herr Wilh. Kolfhaus, damals commis, später Pastor, in einem Nachen hinüber u[nd] ich erreichte rechtzeitig den Zug nach Köln u[nd] Gummersbach, wo ich andern Tags (Sonntag) und die folgenden Wochentage Versammlungen zu halten hatte. Doch habe ich hiermit 24 Jahre übersprungen, u[nd] greife nun zurück. In Homberg blieb ich bis Ende des Jahres 1863. In der Dezembersitzung ward dann beschlossen, daß ich nach dem Hunsrück reisen und die Arbeit dort übernehmen solle, wartete dann noch den Neujahrstag ab, sandte meinen Militair-Paß an den Bezirksfeldwebel in Rheinberg mit der Meldung: daß ich versetzt worden sei u[nd] er möchte mir den Paß nach dem Bezirks-Amt in Simmern senden, da ich dorthin reisen u[nd] in den Verband des 8ten Armee-Corps als Reservist übertreten würde. Als ich dann nach Neujahr kaum abgereist war, brachte ein Polizeidiener meine Einberufungs-Ordre zu Hengstenbergs, da das 7te Corps mobil gemacht wurde wegen dem Schleswig-Holstein-Dänischen Feldzug. Ohne es zu wissen, noch zu rechnen war ich daran vorbei gekommen. Die Ordre ging ans Bezirks-Amt zurück und es stellte sich heraus, daß die Sache ihre Richtigkeit hatte, daß ich abgemeldet war. Später stellte sich heraus, daß mein Paß in Simmern nicht vorhanden war, mußte mir folgedessen von meiner Comp[anie] in Deutz ein Dublikat ausfertigen lassen. Die 1ten Monate ging es gut, überall in den Dörfern u[nd] kleinen Städten standen die Thüren offen. Nach meinen Notizen habe in dem Jahre 70 Orte besucht u[nd] Versammlungen gehalten, in manchen regelmäßig zu 4 Wochen. Bei verschiedenen Pastoren war aber Opposition rege geworden gegen die ganze Bewegung. Manche predigten von den Kanzeln herab dagegen, u[nd] die Gläubigen an etlichen Orten erklärten mir: wenn das so fortginge, dann könnten sie nicht mehr zur Kirche gehen, um sich dort blos ausschimpfen zu lassen. Die kirchlichen Fragen hatte ich dort bis dahin nicht berührt, ging aber auch (mit nur einigen Ausnahmen) nicht hinein. Das fiel ihnen auch auf. Als ich dann eines Tages dringend ersucht wurde, zu sagen, warum ich nicht in die Kirche und zum h[eiligen] Abendmahl ginge? erklärte ich den Geschwistern: daß ich mich bei dem Militair davon getrennt und einer freikirchlichen Abendmahlsgemeinschaft in Cöln angeschlossen hätte. Darauf sagte man mir: Ja, das ist schön, wir aber können nicht nach Cöln reisen, dies Bedürfnis zu befriedigen, was sollen wir denn machen? Hier mußte ich nach meiner Ueberzeugung Antwort und den Rath geben, nach der Schrift zusammen zu kommen

20
Was Gott verheisset, das kann Er auch thun.
Röm. 4, 21

und gemeinschaftlich das Brod zu brechen. Ja, wer soll uns dann dabei anleiten? Ich fühlte, daß die Pflicht der Anleitung mir oblag, bestimmte dann den 2ten Pfingsttag dazu, u[nd] meinen Wohnplatz, die Weihrichsmühle bei Steinbach, als Ort. Es möchten wohl 10 - 12 Personen gewesen sein, die sich dazu einfanden. daß ich damit gegen einen § des Statuts des Brüdervereins verstoßen hatte, kam mir noch nicht in den Sinn, berichtete in meinem Monatsbericht naiv das Vorkommnis. Das Statut untersagte nämlich den Boten die Teilnahme an außerkirchlichen Abendmahlsfeiern, besonders § 3 der Instrucktion. Ich wurde dann vom Vorstand darüber zur Rechenschaft gezogen und berichtete dann einfach, wie es gekommen sei und daß ich nicht an den § gedacht. Der Vorsitzende, Br[uder] Grafe, beantragte dann eine Aenderung des § oder ihn ganz fallen zu lassen. Er wurde dann in der Generalversammlung geändert, ·wie dies in der Jubiläumsschrift auch vermerkt ist, Seite 39.

Eine Abberufung oder auch Entlassung fand jedoch nicht statt. Nun aber gab es Unruhe auf dem Hunsrück. Die Pastoren verhandelten in den Synodalversammlungen darüber, man gründete einen kirchlichen innern Missionsverein zu dem Zweck: uns entgegen zu arbeiten. Wir störten uns nicht daran.

20F

Dann setzten sich verschiedene Pastoren mit dem derzeitigen Bürgermeister in Simmern (Rottmann) in Verbindung, daß er dahin wirken möge, daß ich dort wegkäme. Dann gab es Polizeichikane. Eines Tages erhielt ich eine Einladung: aufs Bürgermeister-Amt zu kommen. Dort wurde mir gesagt: daß ich 30 Thaler Einzugsgeld zu bezahlen hätte. Ich bat den Bürgermeister mir das Gesetz zu zeigen, welches dieses bestimme. Da wurde er grob u[nd] sagte: die müsse ich bezahlen. Ich erwiederte ihm: mir sei wohl bekannt, wenn ein Mann sich verheirathe, Bürgerrecht beanspruche, dann könnten die Communen dies beanspruchen. Dieses sei bei mir nicht der Fall ich sei ledig, sei nur auf unbestimmte Zeit von meinem Vorstand hierhin beordert, zahle meine Steuern, hätte aber meines Wissens sonst Nichts zu zahlen an die Commune, ich wünschte also das Gesetz kennen zu lernen.

Dann sagte er: wenn ich das nicht wollte, dann sollte ich mich aus der Gegend fortmachen! Ich erwiederte ihm: daß ich preußischer Staatsbürger sei, gedient hätte u[nd] wohnen könne innerhalb unserer Landesgrenzen, wo ich wollte, ich ginge nicht, bis ich abberufen würde von meinem Vorstand. Da wurde er zornig u[nd] schrie mich an: dann hätten Sie mit ihrem verd[ammten] Muckerthum in Elberfeld bleiben sollen! Ich: Herr Bürgermeister, mäßigen Sie Sich u[nd] reden mit mir, wie sichs gehört, sonst muß ich bei höheren Instanzen die Sache vortragen. Welche Worte noch fielen, weiß ich nicht mehr alle, er sprach von pfänden, wenn ich nicht bezahle, von polizeilicher Ausweisung, aber ich blieb bei

20F

meiner Erklärung u[nd] ging. Dann wandte ich mich an die
heimathliche Landrathur in Neuwied mit Bitte um Rath.

21
Alles, was wir ausrichten, hast Du uns gegeben.
Jes. 26, 12.

Dort erhielt ich eine Paßkarte ausgestellt mit dem Be-
merken, wenn ich irgendwie belästigt würde, dies der Landrathur zu melden. Als ich kurz darauf nach meinem Logis zu
Weihrichsmühle mich begeben wollte, begegnete mir in Siegenroth, einem benachbarten Dorf der Gendarm von Simmern, hielt mich an u[nd] fragte: "Wie, sind Sie noch hier?"
„Wie Sie sehen, ja, ich bin wieder hier". Der Bürgermeister
hat Ihnen doch befohlen, weg zu ziehen? Antwort: der Bürgermeister in Simmern hat mir dies nicht zu befehlen! Ich zog
meine Paßkarte aus der Tasche, reichte sie ihm u[nd] fragte:
Kann ich nicht auf Grund dieser Legitimation wohnen und
mich aufhalten wo ich will? Er gab sie mir zurück und sagte
Nichts mehr. Eine Zeit lang hatte ich dann Ruhe. Eines Tags
kam ich zu unserm Orthsvorsteher in Steinbach, da sagte er
zu mir: Bender, sie haben schlimme Feinde hier oben, die
wollten sie mit Gewalt hier weghaben u[nd] weil dies nicht
geht, suchen sie andre Wege. Doch ich stand in des Herrn
Dienst und Schutz, mochte kommen, was wollte.

Als ich bald darauf von einer Brüdervereinssitzung in
Elberfeld zurückkam, dann in Neurath b/ Bacharach eine
Versammlung halten wollte, (was ich vorher versprochen) erklärten mir einige gläubige Männer: sie könnten u[nd] dürf-
ten mir dies nicht mehr zulassen in ihrem Ort. Als ich nach
den Gründen fragte, wollten sie zuerst nicht mit der Sprache

heraus, erklärten, daß es ihnen schwer sei mir die Gründe zu sagen, sie hätten aber für mich gebetet, daß der Herr es klar u[nd] offenbar mache u[nd] wenn es wahr sei, mich vor schlimmen Folgen bewahre.

Dann bat ich sie inständig, mir doch offen zu sagen, was sie hätten. Sie fühlten dann auch, daß es Pflicht sei. Ich wurde gefragt: ob ich mir keiner besonderen Sünde u[nd] Schuld bewußt sei? Ich musste dies verneinen, da ich mir dessen nicht bewußt war. Dann sagten sie: Das Gerücht liefe über den Hunsrück, ich hätte die Tochter des Br[uder] Weihrich, bei dem ich mein Quartier hatte, verführt und zu Fall gebracht und die Eltern hätten mich aus dem Haus gejagt.

Jetzt ging mir ein Licht auf über des Vorstehers Worte. Ich konnte es den Brüdern vor dem Herrn versichern, das dies eine schändliche Verläumdung sei, daß dies sogar eine Unmöglichkeit sei, da die besagte Tochter selten anwesend gewesen, wenn ein Fremder im Hause war, weil sie menschenscheu war u[nd] gleich hinaus ging, wenn Jemand hinein kam. So auch mit mir. Ich hatte noch kein Wort mit ihr wechseln können, solange ich dort wohnte. Dann war ich auch sehr wenig zu Hause. Die Brüder glaubten mir u[nd] waren dann beruhigt. Als ich nach Simmern kam, hörte ich: daß ein feindlich gesinnter Pastor, Reusch, Sonntags von der Kanzel herab vor mir die Leute gewarnt habe als vor einem Wolf im Schafspelz, ich sei ein schlechter Mensch u[nd] Verführer. Das hatte eine wahre Aufregung gegeben, weil es von solcher

21F

Stelle war kund gemacht worden, musste es ja auch so sein. Meine fernere Thätigkeit war dadurch fast unmöglich

22
**HErr, gedenke meiner nach der Gnade, die Du Deinem
Volke verheissen hast; beweise uns Deine Hülfe.
Ps. 106, 4.**

geworden. Der Vorstand des Br[üder] Vereins wurde davon
in Kenntnis gesetzt, dann kam der Inspektor, Pastor Heuser
nach Simmern (wo ich eigentlich auch mein Quartier bei Familie Krausch hatte) untersuchte die Sache, bat mich mit ihm
zu einem früheren Studiengenossen, Pastor Fabrizius zu gehen, was denn auch geschah. Dieser war ein wohlwollender
Mann. Er fragte mich: ob ich denn völlig unschuldig daran
sei? Ich bat ihn, sich bei der Familie Weihrich selbst zu erkundigen und sich von der Grundlosigkeit und Unmöglichkeit zu überzeugen, ich könnte ihm vor dem Herrn betheuern,
daß es eine boshafte Verläumdung sei. Das war diesem Pastor
sehr schmerzlich zu hören. Er fragte mich dann: was ich darin
thun wolle, ob ich klagbar werden wolle? Ich erwiederte ihm:
Nein, ich habe es in unsers Herrn Hand gelegt, ich mache die
Erfahrung, was geschrieben steht: "selig seid ihr, wenn sie
daran lügen". Ich bin glücklich, daß es üble Nachrede ist, unglücklich wäre ich, wenn es wahr wäre. Ich überlasse es Gott
und meinem Vorstande, darin zu handeln. Der Pastor war
sichtlich bewegt, reichte mir die Hand u[nd] meinte: so sei es
recht.

Kurz darauf, am Schluß des Jahres 1864 rief mich der
Vorstand dort ab und wies mir Solingen und Umgegend als
Arbeitsfeld an. Später stellte sich auch heraus, wie das

22F

Gerücht entstanden war. Feinde hatten einen dem Trunk er-
gebenen Menschen gebraucht, dies Gerücht auszusprengen.
Der Mann ward krank, u[nd] sein Gewissen ließ ihm nicht
Ruhe, er mußte es bekennen. Inzwischen aber, um die Sache
glaubhaft darzustellen, hatte man der Familie Weihrich eines
Nachts ein todgeborenes Kind an den Mühlteich gelegt, wie
mir Br[uder] Martin Dremmer, der damals dort war, mitge-
theilt hatte. Mir that diese liebe Familie leid, besonders das
arme Mädchen, was heute noch lebt, auch gläubig ist u[nd]
die Scheu abgelegt hat. Später bin ich alljährlich nach dem
Hunsrück auf ein oder einige Wochen gekommen. Der Feind
hatte sich selbst nur blamiert. Doch darf ich sagen, daß die
Arbeit nicht vergeblich war, denn es waren manche Personen
gläubig geworden an den Herrn und den Gläubigen war die
Verkündigung der freien souverainen Gnade Gottes immer
wieder ermunternd u[nd] glaubensstärkend. Noch heute, nach
41 - 42 Jahren steht bei den Alten die damalige Zeit in angenehmer Erinnerung. Viele sind seitdem heimgegangen und
ein anderes, bereits drittes Geschlecht aufgekommen. Es
würde zu weitläufig werden, wollte ich noch mehr einzelne
Begebenheiten anführen aus jenen Tagen, sowohl aus dem
Versammlungsleben, als auch von den Erfahrungen der
Hausbesuche u[nd] der Arbeit überhaupt. Doch ein Beispiel
von göttlicher Bewahrung sei hier bemerkt. Da dort, wo ich
wohnte, auf der Weihrichsmühle, die Beleuchtung noch sehr
primitiv war, ein sog: Grubenlicht, wie die Bergleute sie in
den Erzgruben auch gebrauchen, so wollte ich den

22F

Geschwistern eine Freude machen, kaufte eine Petroleum-
lampe u[nd] einen dicken Krug Petroleum, und machte mich
von St. Goar aus

23
Sprich zu meiner Seele: Ich bin deine Hülfe!
Ps. 35, 3.

auf den Weg nach der 4 Stunden entfernten Mühle. Der Weg führte durch 2 große Wälder. In den dazwischen liegenden Orten Utzenhain u[nd] Psadenhard, auf der Hälfte des Weges hielt ich mich etwas auf u[nd] machte Besuche. Als es gegen Abend ging, machte ich mich auf den Weg nach Hause. Es wurde aber sehr dunkel, zumal im Wald. Trotzdem ich des Weges kundig war, verirrte ich mich doch u[nd] kam vom rechten Weg ab. Dies trieb mich in's Gebet. Doch ich mußte weiter. Auf einmal war's mir, als griffe mich eine kräftige Hand hinten am Kragen und hielt mich fest. Ich stand u[nd] mußte stehen, sah um mich aber sah Niemand. Ich fühlte mit dem Regenschirm oder Stock vor mir her, da war kein Boden mehr, bückte mich, ergriff einen Stein u[nd] warf ihn vor mich hin. Da hörte ich ihn unten im Wasser einschlagen. Nun wußte ich, wo ich war, ich stand am Rand einer offenen Erz- grube. Noch eines Schrittes hätte es bedurft, dann wäre ich hinuntergestürzt. Ich kniete nieder u[nd] dankte dem Herrn für die Bewahrung, denn offenbar war hier höhere Hand es gewesen, die mich festhielt. Ich bat dann auch um weitere Hülfe aus der Irre! denn an welcher Seite ich war u[nd] nach welcher Richtung ich mußte gehen, das war mir unklar, blieb einige Minuten in stillem Warten, dann hörte ich in der Ferne ein Fuhrwerk, ging darauf zu u[nd] kam auf die Landstraße oder Kommunalweg, kam dann auch bald in das benachbarte Dorf Siegenroth, war aber so erregt, in Schweiß gebadet, u[nd] erkannte den Ort nicht. Als ich dann gleich darauf in der Mühle ankam, waren die Versammlungsleute im Begriff, heimzugehen, in der Meinung, ich käme nicht mehr. Nun, dann gab's Verwundern, einmal über der gemachten Erfahrung, dann auch über das neue Licht, als es zurecht gemacht u[nd] angezündet war. Noch Eins. Eines Morgens, als ich in der Mühle geschlafen hatte, hieß es bei dem Ankleiden: „Du mußt heute nach Eschweiler." Ich verstand den Wink u[nd] machte mich nach dem Frühstück reisefertig. Das gab eine Fußtour von etwa 7 Stunden lang u[nd] durch den Sornwald hindurch. Als ich weggehen wollte, hieß es, „stecke das Geld ein" (ich hatte einen 10 Thalerschein im Koffer) Dies kam mir etwas sonderbar vor, da ich dorthin nicht fahren konnte u[nd] eigentlich Reisegeld nicht nöthig hatte, wollte also ohne dies weggehen, kam aber nicht weg, denn deutlich hieß es nochmals: "Du brauchst es, stecke den Schein ein". Ich nahm ihn mit. Nachmittags, gegen Abend dort angekommen, freute man sich des unerwarteten Besuchs u[nd] gleich wurde dann auch Versammlung für Abend bekannt gemacht im Orte. Bei dem alten Br[uder] Schreinermeister Fuchs war meine Herberge. (Er ist vor einem Jahr heimgegangen) 1904. (am Schluß oder Anfang 1904) Da die Zeit etwas knapp war, einen Boten nach Winterburg zu schicken, hieß es bei Fuchs, wir müssen dem Br[uder] Bender in Winterburg telegraphieren. Ich fragte ihn: Habt ihr denn telegraphische Verbindung mit Winterburg? Die Antwort war: Ja. Er ging hinaus (ins Schlafzimmer) kam wieder u[nd] sagte: Die Depesche ist

23F

fort. Nach Verlauf einer Stunde kam der Mann u[nd] fragte: Ist Versammlung heute Abend? Ja, sagte Fuchs, Du hast also meine Depesche erhalten. Ja, sagte Br[uder] Bender, ich stand an der Hobelbank u[nd] arbeitete, da hieß es auf einmal: "Höre auf, gehe gleich nach Eschweiler, heut Abend ist Versammlung". Sofort machte er sich auf und kam.

24
**Der Wandel sei ohne Geiz, und lasset euch begnügen
an dem, das da ist.
EBr. 13, 5.**

Wir hatten einen gesegneten Abend. Es war überhaupt frisches geistliches Leben damals im Orte. Andern Tags blieb ich bis Mittag, wollte dann wieder fort. Als wir bei dem Essen saßen, klopfte es an u[nd] eine Frau kam herein, u[nd] fragte etwas, was ich nicht verstand. Fuchs wurde etwas verlegen und sagte: ob sie nicht nochmal wiederkommen könne? Heute ginge es nicht. Da hieß es zu mir: Die 10 Thaler heraus! Die Frau hatte sich eben zurückgezogen und wollte gehen. Ich fragte: Fuchs, hast Du Geld nöthig und wieviel? 10 Thaler, sagte er. Ich: „rufe die Frau zurück, hier sind sie" und schob ihm den Kassenschein hin. Er rief sie zurück u[nd] sagte: Frau, das Geld war im Hause und ich wußte es nicht, hier mein Freund hat es mitgebracht. Welche Freude dies uns beiden machte begreift Derjenige, dem solche göttlichen Führungen bekannt sind. Später, nachdem ich längst verheiratet war, befand ich mich eines Tags in Geldverlegenheit, da kamen die 10 Thaler wieder, da wurde Fuchs vom Herrn daran erinnert u[nd] gemahnt.

In jenem Jahr 1864 hatte ich auch einem Verwandten (Onkel) 25 Thaler geliehen, die mir später in einer ähnlichen Lage, als ich Miethzins zahlen mußte, zurückgezahlt wurden auf mein Gebet: daß der Herr meinen Onkel mahnen möchte. 2 Tage danach kam das Geld an. Mein Onkel war kein gläubiger Mann, aber er bekam eine solche innere Unruhe, daß er es senden mußte, so daß ich es noch <u>vor</u> dem fälligen Termien bezahlen konnte was ich schuldig war. Mein Kapitalist, der sich auch zum Herrn bekannte, aber sehr am Gelde hing und als geizig galt, wunderte sich, daß ich so pünktlich sei. Da sagte ich ihm: Das hätte ich dem Herrn zu danken, der mein Gebet erhört u[nd] mir einen Schuldner gemahnt habe. Da sprang der Mann auf, im Zimmer herum u[nd] rief: ihr Menschen habt's gut machen, unser Einer hat so viel Geld unter den Leuten hangen u[nd] kann nichts bekommen, da sollte man doch auch mal beten, daß er zu seinem Geld käme. Ich fragte ihn: Wieviel Prozent er denn dem Herrn weihen wolle? Davon wollte er aber nichts wissen, meinte: ich sei unverschämt. Wie traurig, wenn Jemand gläubig zu sein bekennt, u[nd] dann doch so am Gelde hängt: Wie wenig Erfahrungen denn von des Herrn Liebe, Gnade u[nd] Durchhülfe! - Das Jahr 1864 ist mir auch noch aus einem anderen Grunde in gutem Andenken. Seit dem Tode meines Vaters und der Trennung von meiner 2ten Mutter habe ich sie nicht mehr zu sehen bekommen. Meine Verwandten und meine Pflegeeltern verboten mir, sie zu besuchen, und da ich gehorchen wollte, so machte ich auch keinen Versuch dazu. Zugleich fühlte ich auch ohnedies keinen

25

**Thut Fleiss, dass ihr vor Ihm unbefleckt und unsträflich
im Frieden erfunden werdet.
2. Petr. 3, 14.**

Zug u[nd] Verlangen zu ihr. Wir wurden uns fremd. Nachdem ich aber zum Herrn u[nd] Heiland bekehrt war, stieg öfter der Gedanke in mir auf, sie doch noch einmal zu sehen und zu sprechen. Ich hatte mir als natürlicher Mensch vorgenommen, ihr fern und fremd zu bleiben. Warum meine Verwandten es mir damals verboten, wußte ich nicht. Auf meine Frage: warum? erhielt ich den Bescheid, ich würde es später erfahren, was auch später geschah, als ich erwachsen war. (Sie war durch einen Ehemann zu Fall gekommen.) Sie hatte sich später mit einem Bürstenmacher, Joh: Kempf wieder verheiratet u[nd] aus dieser Ehe stammten 2 Söhne u[nd] eine Tochter. Als ich bei dem Militair war, konnte ich obigen Gedanken nicht ausführen, da ich nur einmal einen kurzen Urlaub zu Weihnachten erhielt von 1 1/2 Tag. Als ich aber auf dem Hunsrück wohnte u[nd] alle 2 Monate nach Elberfeld zur Brüdersitzung reisen mußte, wurde einmal auf der Rückreise per Dampfschiff das Drängen des Geistes so stark, daß ich nachgeben und die Fahrt unterbrechen mußte. Als ich auf der Landungsbrücke stand, wollte es mir nochmals leid werden, nochmals drehte ich um wieder auf's Schiff zu springen, da stieß es ab und fuhr weiter. Es galt, die alte Natur zu verleugnen und der <u>neuen</u> gemäß zu handeln.

25F

Dann suchte ich ihre Wohnung auf u[nd] als ich diese erreicht hatte, stand sie grade in dem Hauseingang, als ob sie Jemand erwartete. Ich fragte: Sind Sie Frau Kempf? Ich wollte Sie einmal besuchen. Sie fragte dann: wer ich sei? Meine Antwort war: ein alter Bekannter. Sie: ich erinnere mich ihrer aber nicht, weiß nicht, ob ich sie jemals gesehen. Doch, sagte ich, wir haben einmal 4-5 Jahre zusammen gewohnt. Sie fragte: Wo denn? dann nannte ich ihr die Wohnungen. Sie besah mich von Kopf bis zu Fuß. Dann schrak sie auf einmal zusammen mit dem Ausruf: „Carl!" drohte sie umzusinken, ich fing sie in den Armen auf, brachte sie in die Stube, ließ sie auf einen Stuhl nieder. In mir kämpfte es. Das Wort „Mutter" wollte nicht heraus und mußte doch heraus u[nd] es kam auch heraus. Das Wort schien dann das Band der Zunge zu lösen und sie weinte. Ich schlang den Arm um ihre Schulter, während sie ihren Thränen freien Lauf ließ.

Endlich fragte sie: also Du lebst doch noch, wie oft habe ich an dich gedacht und von dir gesprochen. Ich erwiederte: Ja Mutter, ich lebe und zwar in doppelter Weise, erzählte ihr dann, daß ich mein Leben als ein verlorenes erkannt hätte nach Gottes Wort und im Herrn Jesum das ewige Leben durch den Glauben an Ihn nun besäße. Dies hätte mich auch zu ihr getrieben

Seiten 26 und 27 des Manuskriptes von Carl Bender fehlen. H.R.

28
**Ueber Alles ziehet an die Liebe, die da ist das Band
der Vollkommenheit.
Col. 3, 14.**

Eines Abends las Gustav mit der Familie in der Bibel, Psalm 2. Bei der Stelle: „lasset euch zurechtweisen, ihr Richter auf Erden" fragte er seine Frau: Jetta, sall dat usen Richter em Solig weten? Frau: Ne, Gustav, dat sall de wal net weten, de es ja katholisch, de derf net dren lesen. Gust[av]: dat <u>mot</u> de weten, dat steit jo für enn geschrefen. Morn gonn ech no Solig. Äm anderen Morgen nahm er die Bibel, ging nach Solingen und besuchte den Richter. Dieser kannte ihn u[nd] fragte: Nun Melchior was bringen Sie denn? Die Bibel, Herr Richter! Er erzählte dann die Unterredung mit seiner Frau und die Nothwendigkeit, daß der Herr Richter doch wissen müsse, was Gottes Wille von ihn sei, daß er den Sohn Gottes, den Herrn Jesum küssen oder liebhaben müsse, damit er nicht umkäme u[nd] bat ihn dann, die Stelle selbst zu lesen, was auch geschah. Dann bat er ihn dringend, dieses auch zu thun, was der Richter auch wohl zusagte, um ihn los zu werden, rechnete es ihm aber hoch an daß er 1 1/2 Stunde weit gekommen, um ihn dies an's Herz zu legen. Er hatte eine eigne Art, die ihm nicht leicht Jemand übel nahm. Eines Tags hörte er im Schleifkotten, daß der Pastor in Leichlingen (1 Stunde von Friedrichsthal) an der Wupper krank liege. Er auf von der Arbeit, ungewaschen u[nd] auf den Holzschuhen dorthin, schellt, das Dienstmädchen öffnet, will ihn aber nicht einlassen, er aber schob sie beiseite, setzte die Holzschuhe an die

Treppe u[nd] ging auf den Strümpfen hinauf zum Pastor an's Bett, kniete nieder u[nd] betete inbrünstig für ihn, reichte ihm dann die Hand und ging wieder, den Pastor seinem Staunen überlassend. Seine Frau machte es ebenso. Stundenwegs ging sie und besuchte Kranke, und da die Wege oft Bodenlos waren, ließ sie sich Männer-Schaftstiefel machen, die sie Missionsstiefel nannte, damit ging sie durch dick u[nd] dünn. Mancher interessante Zug wäre aus ihrem Leben zu erzählen, doch es würde zu weit führen. Sie besaßen 1 Sohn u[nd] 4 Töchter. Der Sohn erlag als Schleifer auch einem frühen Tode, die Töchter verheiratheten sich. Auch die anderen Familien starben nach u[nd] nach aus, andere zogen nach der Stadt u[nd] allmählig ging die Versammlung dort ein, nachdem sie einige Jahrzehnte bestanden hatte, und der Sozialismus gewann die Oberhand.

In der ersten Zeit nahm ich dort Wohnung. Doch wurde mir klar, daß ich in die Stadt ziehen sollte u[nd] von dort aus die Umgebung mit besuchen sollte. Der Sohn von Familie Gust[av] Melchior (Carl) begleitete mich nach Solingen, führte mich zuerst bei Familie Carl Kank ein, dessen Frau u[nd] 2 Kinder krank lagen. Als der Vater die Absicht erfuhr, in der Stadt Wohnung zu nehmen, bot er mir an, daß ich bei ihm wohnen könne, was ich auch mit Dank annahm.

29
Ein Jeglicher sei gesinnet, wie Jesus Christus auch war.
Phil. 2, 5.

Dort war ich dann das ganze Jahr hindurch, bis zur Mobilmachung 13. Mai [18]66. Am Flachsberg bei Gräfrath war zur Zeit durch die Arbeit der Boten des evang[elischen] Brüdervereins, Bender u[nd] Spiehs, sowie durch Glieder der freien Gemeinden in Elberfeld-Barmen, besonders Br[uder] Wülfing aus Barmen eine Filiale entstanden. Br[uder] Wülfing, früher Kaufmann, hatte sich mit einem Flachsberger kleinen Fabrikanten in Stahlwaaren, Namens Carl Schaaf assoziert. Das Geschäft ging nicht u[nd] später trennten sie sich wieder. Die kleine freie Gemeinde hatte ihre Mitglieder zu Flachsberg, Central, Ketzberg u[nd] Schlagbaum. Zur Zeit als Br[uder] Joh. Spiehs dort thätig war, hatte man ein Höfchen bei Solingen einen Wirthssaal gemiethet für die Evangelisations-Versammlungen, die zahlreichen Zuspruch hatten. Dann kam durch die Einwirkung darbistischer Lehr Brüder eine Trennung. Die darbistisch Gesinnten schieden aus, und versammelten sich in Stockdam bei Familie Linder. Die freigemeindlichen Glieder behielten noch eine Zeitlang den Ahrens'schen Saal, mussten ihn aber später abtreten u[nd] mietheten einen Fabrikraum von Contral, in welchem in der Woche schwarz lackiertes Packpapier gemacht wurde Sonntags fanden dann Versammlungen darin statt. Auf die Dauer ging dies auch nicht mehr und die Brüder mietheten sich in Clauberg an der Ostseite der Stadt 2 Zimmer, nahmen die Zwischenwand weg, daß es ein Raum ward. Kurze Zeit darnach kam ich dann nach Solingen u[nd] schloß mich diesem Brüderkreise an. Durch frühere Zwistigkeiten, auch persönlicher Art, waren Manche auf den Isolierschemel gekommen. Diese suchte ich auf u[nd] veranlaßte sie zur Brüderlichen Aussprache und Aussöhnung. Das Jahr [18]65 ward für uns ein Segensjahr. Es entstand eine Erweckung und eine Anzahl junger Leute wurde bekehrt. Wir mussten einen größeren Raum u[nd] mehr Bänke haben.

Die Versammlung wuchs und baute sich, da die Zusammenkünfte regelmäßig stattfanden. Sonntagschule, Gesangverein entstand u[nd] wuchs.

Wir mietheten zum Mai [18]66 ein größeres Lokal von 3 Zimmern u[nd] nahmen die Wände weg. Dieses hatten wir etwa 8 Jahre in Benutzung. Am 13. Mai feierten wir Liebesmahl darin. Andern Tags mußte ich eintreten zum Militär und war 4 Monate außer dieser Thätigkeit. Nie vergesse ich die Fahrt nach der französischen Grenze u[nd] der preuß[ischen] Grenzfestung Saarlouis mit den aufgeregten und widerspenstigen Landwehrleuten des bergischen Landes. Sie wollten nichts von dem Kriege mit Oestreich und den mit ihm verbündeten deutschen Staaten: Hannover, Hessen, Nassau, Baiern wissen, schimpften und fluchten auf Bismark und seine Politik, besoffen sich, brüllten wie das Vieh und trieben Unfläntereien in den Waggons. In Cöln wiedersetzten sie sich der Weiterfahrt. Die 33er marschierten auf mit geladenem Gewehr, bereit, die Widersetzlichen niederzuschießen. Das half. Ich war froh, als die 2tägige

30
**Fürchte dich nicht, denn Ich bin mit dir,
und will dich segnen.
1. Mos. 26, 24.**

Fahrt zu Ende war. Am Abend des 1ten Tags wurden wir in Boppard einquartiert u[nd] [ich] hatte das Vergnügen, von einem gläubigen Polizisten, den ich von [18]64 her kannte, in sein Quartier mitgenommen zu werden. Das war angenehm.

Unser Kommando hatte dort ein trauriges Andenken sich verschafft, denn die Kerle hatten sich in ihren Quartieren scheußlich benommen, Betten, Möbel verunreinigt u[nd] dgl. Es war auch Nichts mit ihnen anzufangen. Diese 4 Monate waren mir eine gesegnete Zeit. Es war viel Gelegenheit, ein Zeugnis zu sein unter den Kameraden, war aber von allem christlichen Verkehr abgeschnitten, erhielt aber desto mehr Briefe. Fortsetzung Seite 36.

Doch muß ich wieder etwas zurückgehen. Im Herbst 1865 hatten wir in Vohwinkel eines Sonntags größere Versammlung, die zahlreich besucht war. Auf dem Rückweg nach Solingen zupfte mich Frau Kriegen aus Gönrath am Rocke und sagte, hier ist ein Mädchen, das wünscht eine Unterredung. Ich begrüßte das Mädchen, da aber die Truppe der Leute zahlreich und eine Unterredung auf offener Landstraße wegen der Unruhe nicht gut thunlich war, versprach ich: sie in ihrer Wohnung zu besuchen.

30 F

Sie gab mir ihre Adresse: Aurelie Kayser, Tochter des Zollmaßfabrikanten C. Kayser in Merscheid. Anderen Tags ging ich hin. Da der Vater nicht anwesend war, fragte ich nach ihm u[nd] erklärte: ich möchte vorher diesen sprechen, ehe ich Platz nähme. Er wurde gerufen und kam, ich stellte mich ihm vor nach Namen u[nd] Beruf, sagte ihm: daß ich von seiner Tochter eine Einladung zum Besuch erhalten, aber vor allem müsste ich ihn als Vater erst sprechen und anfragen: ob er mir Erlaubnis ertheile mit seiner Familie zu verkehren?

Hierauf reichte er mir die Hand und hieß mich herzlich willkommen, sagte dann: es habe ihn angenehm berührt, daß ich ihn als das Haupt der Familie respektirt habe, das sei von unseren Leuten bisher wenig oder garnicht geschehen, das habe ihn wohl mal gekränkt. Seine Gattin, eine liebe gläubige Frau, war ihm durch den Tod vor einiger Zeit entrissen worden, darüber drückte ich ihm meine herzliche Theilnahme aus. Er ward sehr bewegt im Laufe der Unterhaltung, erklärte offen, daß er noch nicht das habe, was seine Frau besessen, sprach aber den Wunsch u[nd] die Hoffnung aus es zu erlangen. Dann empfahl er sich, da er noch nöthig habe, Korn zu säen, ich könne aber jederzeit sie ungeniert besuchen.

31
**Der HErr wird Seinem Volke Kraft geben, der HErr
wird Sein Volk segnen mit Frieden.
Ps. 29, 11.**

Als er hinweggegangen war, fragte ich die beiden
Töchter um ihre Heilserfahrung. Die ältere, Emilie,
wünschte: ich möchte mit ihr eine Familie im Hof besuchen.
Das konnte u[nd] durfte ich nicht abschlagen, nahm aber einige Zeit in Anspruch, denn es waren einige Familien. Als
wir zurückkamen, hatte ich nicht mehr viel Zeit zum Verweilen, worüber die Jüngere doch betrübt war, denn sie hätte
mich eingeladen und noch nicht Gelegenheit gehabt, sich offen auszusprechen. Dann erklärte ich: wenn dies Bedürfniß
sei, noch bleiben zu wollen.

Dann erzählte sie, daß sie in ihrer Schule durch ihren
Lehrer, Herrn Pistor mit den Heilswahrheiten bekannt gemacht worden sei, daß das Verlangen nach Heilsgewißheit
seit 9 Jahren schon vorhanden sei; daß sie die Versammlungen hin und her besucht habe; daß durch sie die Mutter auch
damit bekannt geworden, denn was sie in der Schule vom
Lehrer gehört, habe sie der Mutter heimgebracht. Diese habe
sich dann eines Tags ihres Heilandes und des Heils freuen
können, sie könne es aber noch nicht.

Darauf fragte ich: wo ihre Bibel sei? sie möchte diese
holen. Sie reichte mir diese hin. Ich nahm sie, ging damit zum
Ofen, machte Miene, sie in's Feuer zu stecken u[nd] sagte:
Diese erfülle ihren Zweck nicht, der Herr müsste ihr extra

eine göttliche Botschaft senden durch einen Engel u[nd] unter besondern Zeichen.

Dann stand sie auf, nahm mir die Bibel aus der Hand, weil sie fürchtete, ich möchte Ernst damit machen. Dann sagte ich ihr: es sei Gottes Wort, ein Extra Brief sei zwar nicht nöthig, aber - sie glaube ja den göttlichen Zeugnissen nicht. Ich schlug ihr die prophetische Stelle auf. Jesaias 43,1. Fürchte dich nicht, denn ich <u>habe</u> dich erlöset; ich <u>habe</u> dich bei deinem Namen gerufen; du <u>bist</u> mein. Dann Joh: 10,27-30. Das war ihr aber genug. Ich ging dann weg und der Herr redete weiter mit ihr durch Sein Wort.

32
**Seid stille und erkennet, dass Ich Gott bin. -
Ich will Ehre einlegen auf Erden.
Ps. 46, 11.**

Einige Tage nachher zog sie nach Elberfeld zu ihrer
weiteren Ausbildung im Haushalt. Von dort aus erhielt ich
einen Brief, worin sie mir ihre Freude kundgab, daß sie nun
ihres Heils gewiß geworden. Der Geist Gottes hatte ihr den
Herrn Jesum und Sein Werk verklärt und den lebendigen
Glauben in ihrem Herzen gewirkt. Dieser Brief ist noch in
meinem Besitz. Dies war anfangs November 1865. Am 2ten
Weihnachtstage war ich in Friedrichsthal um Versammlung
zu halten, kam andern Tags zurück, da ich zu der Sitzung des
Br[üder] Vereins nach Elberfeld gehen musste. Als ich Mittags nach meinem Quartier bei Carl Kauk kam, war Aurelie
Kayser auch da. Sie war die Weihnachtstage zu Hause gewesen und mußte nun nach Elberfeld zurück. Als Carl Kauk
hörte, daß ich zur Sitzung wollte, sagte er: da kannst du Aurelie Geleit geben, denn man mußte damals zu Fuß nach Vohwinkel oder p[er] Postwagen. Wir unterhielten uns dann zunächst über das, was ihr auch am nächsten lag: ihre Heilserfahrung, dann über die göttlichen Wege, die er die Menschen
führt, besonders die an Ihn glauben. Sie erzählte mir Manches
von ihrer gläubigen Mutter und wie sehr sie diese jetzt ver-
misse. Das rief auch bei mir alte Erinnerungen an den Tod
meiner rechten Mutter und spätere Erfahrungen wach. Auf
ihre Frage, ob ich noch Eltern hätte, musste ich Nein sagen.
Mir sei das Elternhaus seit 18 Jahren durch den Tod des

Vaters geschlossen worden, die Mutter sei 1842, der Vater 1847 gestorben. Meine Mutter hätte ich auch oft schmerzlich vermißt. Ich hätte zwar später eine 2te Mutter bekommen, aber seit dem Tode des Vaters seien wir durch ungünstige Umstände voneinander gekommen, sie habe sich später wieder verheiratet u[nd] wir hätten uns im Jahre 1862 zum 1ten male wiedergesehen. Bei diesen Worten fiel Aurelie ein Wort der Bibel ein: also ward Isaak getröstet über seiner Mutter. 1. Mose 24,67. Sie erschrak über diesen Einfall. In Vohwinkel kehrte ich zur Rast mit ihr in einem befreundeten Hause ein u[nd] die Frau (Hofstatt) kochte uns Kaffee. Nachher wanderten wir weiter. Da [ich] Abends in Vohwinkel noch Bibelstunde halten sollte, so ging ich noch eine kurze Strecke bis an den Hammersteiner Weg mit ihr. Dort verabschiedeten wir uns. Beim Handgeben begegneten sich die Blicke - und - die Herzen. - Unvergeßlicher Augenblick! Jeder drehte sich schnell um, wischte sich die Augen u[nd] [wir] schieden still voneinander. Bis dahin hatte ich manchem gläubigen Mädchen als Bruder die Hand gereicht, aber so - noch nie. Was war das, was im Herzen aufblitzte? Ich wusste

33
Ich will euch trösten, wie einen seine Mutter tröstet.
Jes. 66, 13.

und kannte es nicht. Andern Tags in der Sitzung wurde beschlossen: daß ich eine Tour nach dem Hunsrück antreten müsse. Dies geschah. Unter andern Orten kam ich auch nach Herstein, hielt dort auf einer Mühle Versammlung. Später in Kirn a/d. Nahe. Dort war ein Bote der evang[elischen] Gesellschaft thätig als Colporteur, Namens Neu. Dieser überreichte mir einen offenen Brief, den er auch schon gelesen hatte, bat mir aber, die Verletzung des Briefgeheimnisses ab. Als ich ihn las, erschrak ich. Die Tochter der Müllers in Herstein theilte mir mit, daß der Herr ihr im Traume geoffenbart habe, daß wir uns heirathen sollten. Es that mir leid um sie, daß sie einer Täuschung sich hingegeben. Mir hatte jeglicher Gedanke derart ferngelegen. Doch gab mir dieser Brief einen Wink nach anderer Seite. Als ich von meiner Tour zurück nach Solingen kam, musste ich in meinem ganzen Wesen etwas verändert sein. Carl Kauk fragte eines Tags: was ist Dir, Du bist so still u[nd] einsylbig? Ich erwiederte: ich wüsste es selbst nicht, aber er habe recht, es wäre mir auch nicht mehr, wie früher. Er meinte dann: ich trüge wohl eine stille Liebe mit mir herum? Dies Wort gab mir Licht über mich selbst. Ich musste ihm sagen, daß er Recht habe. Zu wem hast Du denn Zuneigung? Zu Aurelie Kayser. - Gut, soll ich mit ihr reden? Nein Carl, ich bitte Dich, unterlaß das, ich will noch warten. Er war mir, offen gesagt, etwas zu stürmisch. Dann aber ging ich zu dem alten Vorstandsmitglied, Br[uder]

33F

Wilhelm Harthopf, der auch Vorstandsmitglied im Brüder-verein war, zog diesen ins Vertrauen u[nd] fragte ihn: ob er für mich nach Elberfeld zu Aurelie gehen und sie fragen wolle u[nd] ihr meine Liebe zu ihr gestehen wolle? Gerne, sagte er! Es war an einem Sonntag Vormittag. Er nahm sich vor, andern Tags hinzugehen. Nachmittags, als der Postwa-gen am Schlagbaum von Vohwinkel aus vorbei fuhr, stieg Aurelie bei Harthopf aus, ging hinein und grüßte. Das sah dieser als gutes Omen an, fragte dann: was führt Dich denn hierher? Ich weiß es nicht, was es ist, es ließ mir keine Ruhe in Elberfeld, ich musste mal heim ob etwas passiert ist? Ich weiß es nicht. Dann sagte er: ich wollte zu Dir kommen, Du sparst mir nun einen Gang. Ich habe Auftrag, Dich etwas zu fragen u[nd] Dir etwas zu sagen. Hm, hm, ja Kind, hm, hm, ich weiß nicht, es will so schlecht über die Lippen hm, hm.

Nun, sagte sie, ich glaube, ich weiß es, nur heraus da-mit! ich ahne es. Ja, sagte er, Br[uder] Bender hat mir gesagt: er habe Dich lieb u[nd] ich sollte Dich fragen: wie Du darüber denkst u[nd] zu ihm stehst? Dann ist's gut, sagte sie, jetzt weiß ich was mich hertrieb, den oder keinen, so stand u[nd] steht es in meinem Herzen, das sage ihm also, auch ich liebte ihn, morgen in der Versammlung werde ich's ihm sagen.

34
Meine Seele soll sich rühmen des HErrn, dass die Elenden es hören, und sich freuen.
Ps. 34, 3.

Mit welchen Gefühlen ich Br[uder] Harthofs Mittheilung Abends vernahm, das zu beschreiben fällt mir schwer.
Die geistliche Liebe, die Liebe Gottes zu uns, unsre zu ihm,
die Bruderliebe untereinander war mir bekannt. Eltern u[nd]
Verwandtenliebe aber fremd geworden, Bräutliche Liebe bis
dahin total unbekannt. Andern Tags sahen wir uns u[nd] ich
hörte es dann aus ihrem Munde. Montags begleitete ich sie
wieder nach Elberfeld. Ihrem Vater konnte sie es noch nicht
sagen. Sie scheute es, hier fehlte die Mutter. Folglich begab
ich mich folgenden Tags zu ihrem Vater. Der war aber mal
überrascht, als ich ihm von unsrer gegenseitigen Zuneigung
und Absprache Mittheilung machte! Es kam ihm zu unerwartet. Er wünschte bis zu Ostern Bedenkzeit, womit ich herzlich
gern einverstanden war, wünschte ferner: daß ich ihn öfter
und ungeniert besuchte, aber ohne diese Sache zu berühren.
Das geschah auch, aber wenn ich kam, fing er selbst doch davon an, erkundigte sich nach Herkunft, Familienverhältnissen, Lebenswandel, Bekannten und Freunden. Ich gab ihm
Adressen aus Cöln an von Familien, mit welchen ich als Soldat verkehrt hatte, dann in Solingen. Später erfuhr ich: daß er
auch diese besucht und sich nach mir erkundigt hatte, was mir
Hochachtung einflößte, da ich dies als sehr erwünscht hielt.
Was ihn am meisten besorgt sein ließ, das war meine Armuth
von Hause aus; 2tens, daß ich mir Nichts ersparen konnte in

meinem Beruf. Nur das Allernotwendigste, 100 Thlr [Thaler] zum Anschaffen der nöthigsten Geräte, wie früher erwähnt, welches (eine kleine Erbschaft) von der jüngsten Vater-Schwester herrührte. 3tens, das vom evang[elischen] Brüder-vereins-Vorstand ausgesetzte Gehalt von damals 18 Thlr. monatlich.

Er fragte mich eines Tages: ob ich glaubte, damit eine Familie ernähren zu können? Ich verneinte es. Worauf wollen Sie denn heirathen? Antwort: auf göttliche Verheißungen. Ich stehe in Gottes Dienst u[nd] Er hat meinen Unterhalt zu bestreiten übernommen. Auf den Verein kann ich mich nicht stützen, denn dieser könnte eines Tags sich auflösen, aber Gottes Wort ist ewig u[nd] meine Instruktion lautet: kein Kriegsmann flicht sich in Händel der Nahrung, auf daß er gefalle dem, der ihn angenommen hat. 2. Timoth. 2,4. Er meinte davon verstehe er allerdings wenig, das müsse ich ja wissen. Ich fragte ihn: Wenn Sie ihre Tochter einem Kaufmann gäben mit 10.000 Thalern Vermögen, wäre dann ihre Existens zeitlebens sicher gestellt? Antwort: Nein, absolut sicher nicht, der könnte geschäftlich Unglück haben und Bankrott machen. Sehen Sie, sagte ich, das kann bei mir nicht vorkommen und Gottes Verheißungen sind mir gute Wechsel, die rechtzeitig eingelöst werden.

35
Das Wort Gottes ist lebendig und kräftig, und schärfer, denn kein zweischneidig Schwert.
Ebr. 4, 12.

Das gefiel ihm, aber an seiner Bedenkzeit hielt er fest. Ostern sollte ich seine Antwort haben. Am 2ten Ostertage ging ich Nachmittags hin. Er war in einem oberen Zimmer und wir hörten ihn eine Zeitlang auf und abgehen. Aurelie sagte: er ist von Freunden in Elberfeld, die kirchlich stehen bedenklich gemacht worden. Die Entscheidung fällt ihm schwer. Ich besitze noch einen Brief von ihm an seine Tochter, worin er sich auch bedenklich doch nicht abgeneigt, äußerte. Endlich kam er herunter, begrüßte mich und sagte: Die Zeit, mich zu erklären, ist nun da. Es wird mir nicht leicht, die Jüngere vor die ältere Tochter wegzugeben, allein das sind ja Herzens-Angelegenheiten. Ihr Beide habt euch lieb und seid euch eins. Wir sagten Beide: Ja! Dann sagte er: ich habe mich bei den angegebenen Adressen erkundigt u[nd] habe Löbliches über Sie gehört, habe auch von Andern Gegentheiliges gehört, das betrifft aber nicht den Charakter, sondern den Beruf. Das wiegt mir aber nicht so schwer. Ich will dem Wunsch meines Kindes und Ihrem Wunsch Nichts mehr in den Weg legen. Dann nahm er unsre Hände, legte sie ineinander, segnete uns, nahm sein Hauskäppchen ab u[nd] betete zu Gott um Seinen Segen.

Dann reichte er mir die Hand u[nd] sagte: So, nun bist Du mein Sohn u[nd] ich bin Dir Vater geworden, hast jetzt alle Rechte und Pflichten eines Sohnes u[nd] ich rechne auf Dich und Deinen Einfluß, wo es das Wohl der Familie erfordert. Wie mir bei diesen Vaterworten zu Muthe ward, kann ich wieder nicht beschreiben. Der seit 19 Jahren verwaiste Jüngling hatte einen Vater gefunden, durfte wieder das süße Wort: „Vater" sagen. Dies Gefühl überwältigte mich, ich umarmte, küsste u[nd] drückte ihn an mein Herz und weinte. Alle freuten sich, vom Aeltesten bis zum Jüngsten. Es war ein glücklicher Tag. Ich hatte eine Braut und fühlte mich Bräutigam und Kind im Hause. [Im] Herbst 63 hatte ich vor diesem Hause betrachtend gestanden, als ich der Versammlung in Merscheid beiwohnte und gedacht: wenn es mir irgendwo in der Welt gefallen könnte um mal heimisch zu werden, dann wäre es hier. 2 1/2 Jahre später ward es Wahrheit.

Leider dauerten die schönen Tage nicht lange. Aurelie mußte folgenden Tags wieder nach Elberfeld bis zum 1ten Mai. Das Verlobungsfest fand 4. April statt. Am 13ten Mai mussten wir Landwehrleute uns zur Mobilmachung stellen. Mit schwerem Herzen nahm ich von der Familie Abschied u[nd] ich sollte den Vater zum letzten Mal umarmt haben. Der Aelteste Sohn, Ernst, mußte ebenfalls eintreten, der 2te, Emil, diente bei der Linie (40er). Der Vater wurde bald darauf krank und starb, doch nach Aurelies Ueberzeugung ging er selig heim, am 9ten Juli 1866.

Hierdurch trat dann nach unserer Entlassung eine Aenderung in den Familienverhältnissen ein.

36
Wenn wir Nahrung und Kleidung haben,
so lasset uns begnügen.
1. Tim. 6, 8.

Mit welchem Jubel wurde in unserer Festung Saarlouis begrüßt, dass die Oestreicher bei Königsgrätz von unseren Truppen besiegt worden und damit der entscheidende Schlag gefallen sei. Der Stadtkommandant versammelte sämtliche Truppen und verlas die königliche Botschaft. Ein Hurrah erdröhnte, daß die Luft zitterte. Wie Donner rollte es dahin aus den tausenden Männerkehlen. Was wird das erst rollen, wenn unser himmlischer König mit einem Feldgeschrei mit der Stimme des Erzengels und der Posaunen Gottes kommt! 1. Thessal. 4,16. Bei dieser Macht ist hier dem französisch gesinnten Katholikenvolk der Schrecken in die Glieder gefahren, denn diese hielten Prozessionen, Bittgänge, beteten um den Sieg Oestreichs und der mit ihm verbündeten Deutschen. Wir waren oft ergrimmt darüber, sie wollten kein preußisches Papiergeld mehr annehmen, das sei wertlos. Mir wurde es auch eines Tages zurückgewiesen, schlug aber dann auf die Ladentheke, daß es dröhnte und drohte sie anzuzeigen. Dem fanatisierten Volk stand es bombenfest, daß der Preuß' Schläge kriegte und dann müßte ganz Deutschland wieder katholisch werden. Da haben wir das Papsttum nochmals näher wieder kennen gelernt. Doch Gott machte ihnen einen Strich durch die Rechnung. Unsere einst so empörten bergischen Landwehrmänner bekamen auch andere Ansichten.

36F

Dann endlich – neuer Jubel! Entlassung der Landwehrleute. Tags vorher mußte ich als Quartiermacher mit nach
Trier. Dort mußte ich dem Feldwebel bis tief in die Nacht
helfen Entlassungsscheine schreiben und Quartierzettel. Anderen Tags gaben wir unsere Sachen ab, konnten aber die Civilkleider nicht erhalten, hielten die Uniformen an und die
Brotbeutel, dann ging's rasch zur Bahn, da das 40te Regiment
einrückte, das 1te Bat[aillon] kam zuerst mit der Regiments-
musik, wobei mein zukünftiger Schwager Emil war. Da er
vom Capellmeister beauftragt war, verschiedene Instrumente
in sichere Verwahrung zu nehmen, nahmen wir eine
Droschke und fuhren hinter dem Bat[aillon] her. Ehrenpfor-
ten waren gebaut, Blumen und Laub gestreut und heller Jubel
in dem schwarzen Trier auf den Gesichtern. Sonntags (andern
Tags) blieb ich noch da und hielt Versammlung in einem Lokal, welches gläubige Soldaten gemietet hatten. Das war eine
schöne Feier des Wiedersehens! Einen lieben Bruder hatten
sie an der Cholera in Böhmen verloren, Br[uder] Höft, Bote
der Evang[elischen] Gesellschaft und Werkzeug einer Erweckung unter den Musikanten und anderen 40ern. Auch sah
und begrüßte ich manche Glieder unserer Versammlung in
Solingen, auch aus Crefeld. Montags fuhr ich dann ab, zurück
über Saarbrücken und die Nahe herunter. Andere Linien, wie
Mosel- und Eifelbahn, existierten noch nicht. In Sobernheim,
Eckweiler noch einen Tag Unterbrechung, um die Lieben
dort zu begrüßen, dann Telegramm nach Merscheid an die
Braut gesandt, die mich Dinstag Abend in Bonn am Bahnhof

36F

in Empfang nahm. Glückliches Wiedersehen und Vereini-
gung! Dann gings folgenden Tags nach Solingen, aber erst
noch nach Cöln zu Schmitz.

37
Welchem viel gegeben ist, bei dem wird man viel suchen.
Luc. 12, 48.

Der Brüderverein hatte während meiner Abwesenheit
einen Ersatzmann, Br[uder] Hahn nach Solingen geschickt,
welcher auch mein Quartier bewohnte. Donnerstags kam ich
in Solingen an. An diesem Tage, resp. Abend fand bei Br[u-
der] Kank eine Wochenbibelstunde im Wohnzimmer statt,
die auch Manchem zum Segen war u[nd] allerlei Erfahrungen
darin gemacht wurden im Laufe der Zeit. Br[uder] Hahn war
in der Zeit seiner Vertretung nicht recht heimisch geworden.
Als der Tag nächsten Morgens graute hatte er sich auf und
davongemacht. Mein Bitten: noch zu bleiben, war erfolglos.
Er hatte Solingen genug. Dann erfuhr ich den Grund. Die El-
berfeld-Barmer Baptisten-Gemeinde hatte in den Monaten
meiner Abwesenheit ihre Sendlinge geschickt und die Glieder unsrer Gemeinschaft an sich gelockt und zu Baptisten gemacht. Dann in ihrem Organ groß Aufhebens von den Wun-
dern der Gnade gemacht. Zum Tisch des Herrn kamen am
nächsten Sonntag, wie wir das Brot Brechen, nur 4 Personen.
Es war uns wehmüthig um's Herz u[nd] die Frage tauchte auf:
sollen wir aufhören u[nd] die Arbeit einstellen? Der alte Br[u-
der] Schmitz aus Cöln, der an dem Sonntag mich besuchte
und Theil nahm, sagte: mit nichten, denn die Zahl, der der
Herr seine Gegenwart zugesagt, ist ja noch da, 2 oder 3. Er
hatte Recht. Ich kam mir zwar vor, wie ein Bauer, dem ein
Hagel das Fruchtfeld verwüstet hatte. Was war zu thun? Laufen u[nd] die Arbeit liegen lassen? Nein, von vorne wieder

anfangen! Doch es erforderte Geduld und stille Ergebung. Ich besuchte die einzelnen Familien, wobei ich auch manches harte und lieblose Wort hören mußte, z.B. ich hätte nur halbes Evangelium verkündet u[nd] A[anderes] m[ehr]. Ein Br[uder] sagte mir eines Tags: Er danke Gott, daß er jetzt ein allerunterthänigstes Mitglied einer nach Gottes Wort gegründeten Baptistengemeinde sei." Ich sagte ihm: das sei ein langer Satz, der sei schwer zu behalten, er möge mir das nochmals sagen. worauf er ihn wiederholte. Ich schüttelte den Kopf, sagte ihm: der Satz würde wohl bald beschnitten werden, ich kannte ihn, den Br[uder] zu gut, um lange ein allerunterthänigstes Glied dort zu bleiben, sei wenig Aussicht, der vordere Theil würde wohl zuerst abgeschnitten. Das nach "Gottes Wort gegründet" sei unrichtig, in Solingen Clauberg sei das meiner Ansicht nach nicht geschehen, weil auf fremdem Grund gebaut. Es würde schließlich nur ein Baptist übrigbleiben. Da er aber geistlich trunken sei u[nd] ich nicht gerne Streit hätte, wollte ich ihm in Zukunft ausweichen, nach dem bekannten Sprichwort: daß dem Trunkenen selbst ein Heuwagen ausweichen solle.

Einer unserer treu gebliebenen Brüder konnte mich andrerseits nicht verstehen, daß ich mich in eine öffentliche Polemik nicht einlassen wollte. Ich sagte ihm: das wäre Oel ins Feuer gegossen, ich würde ruhig das Evangelium weiter verkündigen u[nd] die Baptist Gewordenen ruhig ihres Weges gehen lassen, es seien Brüder u[nd] ich wünschte keinen

37F

Bruderkrieg. Das Ungesunde u[nd] Unrichtige würde schon seine Correktur finden.

Da nun der Vater in Merscheid heimgegangen; der älteste Sohn auch sich verlobt hatte; ebenso die älteste Schwester mit einem kinderlosen

38
**Aus Gnaden seid ihr selig geworden durch den Glauben,
und dasselbe nicht aus euch, Gottes Gabe ist es.
Eph. 2, 8.**

Wittwer, Br[uder] Friedrich Tillmanns, derzeit Mühlenpäch-
ter der gräfl[ich] v. Rusche-Kehselschen Mühle in Hackhausen bs: Ohligs; das Gericht um der 4 unmündigen Kinder
Carl, Edmund, Ferdinand u[nd] Clara willen einen öffentlichen Verkauf des Nachlasses anordnete so waren wir 3 Anderen genöthigt, nun zu heirathen. Emilie, die älteste eilte
dann auch, um prinzipiell die Erste zu sein. Sie heirathete im
October, Wir Anfangs November, Ernst im Dezember. Emil
diente noch, kam aber zum Verkauf des Gutes in Urlaub. Da
2 nebeneinander stehende Wohnhäuser nebst Scheunen, Stal-
lung u[nd] Nebengebäuden, so wie Gärten, Baumhöfe, Felder
u[nd] Wiesen zum Ausgebot kamen, so hatten sich die beiden
Br[üder] vereinbart, auch um des Geschäfts willen, die
Wohnhäuser mit Zubehör zu kaufen, ich nahm folgedessen
Abstand davon, obgleich ich gerne dageblieben wäre. Die
Taxe wurde aber durch die Angebote nicht erreicht. Um der
Unmündigen willen hätte nach damaligem Gesetz ein 2ter
Verkauf stattfinden müssen. Da beschlossen wir Mündigen:
das Fehlende, etwa 120 Thlr zu tragen, um die Sache zum
Abschluß zu bringen, weil auch wenig Aussicht vorhanden
war, daß bei späterem Termin mehr herausgekommen wäre.
Wir theilten uns dann in die unmündigen Kinder. Carl ging
auf die Baugewerbeschule nach Holzminden, Ernst nahm Ed-
mund u[nd] Ferdinand zu sich u[nd] ich die Clara.

38F

Emilie machte gleich nach ihrer Verheirathung eine unangenehme Erfahrung. Da die 1te Frau Tillmanns, eine geborene Hastert, ohne Ehevertrag und ohne Testament plötzlich
gestorben war, so reichten deren Vater u[nd] Büder Thei-
lungsklage ein. Die Frau hatte ihm zwar Nichts mit in die Ehe
gebracht, als einen verschuldeten Vater, dem der Schwager
noch Schulden bezahlt hatte u[nd] der es sich bei ihm hatte
gut gehen lassen. Als Jemand dem Alten Vorstellungen über
sein undankbares Benehmen machte, sagte er: „ein dummer
Kerl, der nicht nimmt, was er kriegen kann." Leider spielte
mein Schwager den Dummen, daß er 1tens dem Alten die be-
zahlten Schulden nicht in Rechnung stellte; 2tens, daß er
seine eignen Schulden, besonders Wechselschulden, nicht
angab, sowie die unsicheren Ausstände, als das Gericht kam
u[nd] Inventar aufnahm.

An dem betreff[endem] Tage war ich zum Bürgermeister-Amt nach Ohligs gegangen, um meine Verheirathung an-
zumelden. Dann zog mich's nach Hackhausen, den Schwager
zu besuchen. Als ich in die Stube trat, saß der Richter, der
Notar, Schreiber u[nd] Zeugen da, so wie die Verwandten des
Schwagers. Ich entschuldigte mich, daß ich von der Anwe-
senheit der Herren nichts gewusst habe u[nd] wollte mich zu-
rückziehen. Da sagte der Notar, der mich kannte: es ist sehr
gut, Herr Bender, daß sie kommen, ich betrachte es als höhere
Führung. (Der Notar war ein frommer Katholick) ging mit

39
Alle Gottesverheissungen sind Ja in Ihm und sind Amen in Ihm, Gott zu Lobe durch uns.
2. Cor. 1, 20.

mir hinaus, unterrichtete mich von der Sachlage und bat mich, meinen ganzen Einfluß bei Schwager Tillmanns einzusetzen, daß er nicht an's Landgericht ginge, um mit seinen Verwandten Prozeß zu führen, da dies nutzlos sei. Das Gesetz laute einmal so u[nd] kein Richter könne dagegen angehen. Ich fragte: wo ist denn mein Schwager? Er ist oben in einem Zimmer u[nd] will den Ackt nicht unterzeichnen.

Ich verstand nun den Notar, versprach ihm, den Schwager umstimmen zu wollen, bat ihn aber, seine Intressen soweit als möglich, gegen die habsüchtigen Verwandten zu schützen. Als ich zum Schw[wager] in's Zimmer trat, war er aufgeregt und empört über diese Art. Ich beruhigte ihn, sagte: Fritz, Du hast den Fehler gemacht, rechtzeitig durch einen Ehevertrag oder Testament Deiner verst[orbenen] Frau vorzubeugen.

Eine Klage am Landgericht ist nutzlos. Ich frage jetzt nicht den gekränkten Ehemann, den Menschen, sondern den Christen in Dir: Willst Du Deinen Frieden u[nd] Deine Prozeßkosten unnützer Weise nach dem Landgericht tragen? Willst Du nicht lieber hier dem Heiland folgen, der gesagt hat: Wer Dir den Mantel nimmt, dem wehre nicht den Rock, Luk. 6,29.30. Es ist jetzt Sein heiliger Wille, daß Du Deinen Willen opferst und Ihm folgst. Mache jetzt nicht den schlimmen Fehler, gegen Seinen Willen und auch gegen das Gesetz anzugehen.

Da schlug er um u[nd] erklärte: Ich will unterschreiben, gehe hinunter und sage den Herrn: ich käme gleich. Als ich das meldete, waren die Herrn froh u[nd] sagten: Das ist doch gut, daß die Sache zu Ende geht, wir haben nun lange genug vergeblich gesessen. Der Ackt wurde nun fertig gemacht, und als der Schwager erschien, verlesen und zur Unterschrift gedrängt. Die Summe habe ich vergessen, die er an die Verwandten zahlen musste nach der Abschätzung. Fällig sollte sie werden Januar übers Jahr und ohne Zinsen, das „übers Jahr" stand im Ackt, wurde aber beim Lesen verschluckt. Keiner hatte es gehört. Als unterschrieben war, sagte der Richter: also ihr habt doch verstanden, Januar über's Jahr ist das Geld fällig u[nd] ohne Zinsen. Da gabs Aufhorchen und Aufmucken. Einer sagte: davon haben wir Nichts gehört. Antw[ort] „Dann hättet ihr eure Ohren aufthun sollen". Hier steht es. Ja, aber wer giebt uns Garantie bis dahin? Die könnt ihr euch beim Teufel in der Hölle holen, sagte der Richter. Aber die Zinsen? es müssen dann doch Zinsen gezahlt werden? Auch beim Teufel, hieß es abermals u[nd] nun ist's genug, ihr habt hier jetzt Nichts mehr zu suchen, macht, daß ihr fortkommt. Die Gerichtsherrn erhoben sich u[nd] gingen. Der Notar drückte mir herzlich die Hand, der Richter ebenfalls. Dann offerirt mein Schwager aber noch den Kaffee zu trinken, das thaten wir dann noch.

39F

Da fing einer der Verwandten ein christlich Gespräch an, das schnitt ich ihm ab, sie hätten sich nicht als Christen gezeigt. Als das Jahr um war u[nd] der Zahltermin da war, lebte Niemand mehr von den Verwandten, ihre Kinder bekamen es zwar, aber sie nicht. Der Schwiegerin war es eine bittre Pille, als sie ihr Erbe zum Gericht bringen musste, wenn auch nicht Alles, so doch einen großen Theil. Ich zog mir aber eine Lehre daraus, denn ich hatte noch Verwandte von Vaters Seite, denen ich nicht traute, und schloß mit der Braut vorher beim Notar einen Vertrag. Dieser wurde

40
Dein König kommt zu dir,
arm - ein Gerechter und ein Helfer.
Zach. 9, 9.

hinfällig, weil unsere Ehe mit Kindern gesegnet ward. Unser Hochzeitstag war der 3te November 1866. Die Hochzeitsfeier fand im Studer'schen Saale in Merscheid statt, zu welcher sich stark 300 Gläubige, Geschwister u[nd] Freunde eingefunden hatten. Die Hochzeitkosten betrugen 56 Thaler 7 1/2 Spr. [Silbergroschen?] Es schien, als wäre dadurch eine neue Zuneigung entstanden. Manche hegten den Argwohn, ich würde mich kirchlich copulieren lassen. Woher das kam, blieb mir fremd. Der alte Br[uder] Schmitz aus Cöln hielt eine kurze Ansprache und ein inbrünstiges Gebet, dann sprachen auch andere Brüder, auch ich selbst, kurzum, es war eine echt christliche Hochzeit. Kirchliche Leute hatten zwar das Gerücht ausgesprengt: ich lebte mit meiner Gattin in wilder Ehe. Der alte Br[uder] Schmitz ein echter Humorist, wurde auch darum befragt, sagte aber dann, er sei zugegen gewesen, als sie geschlossen worden sei, er habe die Hochzeit besucht, auch nachher uns besucht, er könne versichern, daß wir in zahmer Ehe lebten. Und sie ist auch durch Gottes Gnade eine glückliche gewesen u[nd] geblieben.

In Merscheid konnten wir jedoch nur bis zum nächsten Frühjahr wohnen bleiben in dem altelterlichen Hause, z[um] Theil um des Berufes willen, weil ich Abends immer spät nach Hause kam, z[um] Th[eil] der familiären Verhältnisse wegen. Ich miethete mir am Schlagbaum bei Solingen eine Wohnung von 2 Zimmern, eine Küche u[nd] 1 Bodenkammer für Logiergäste zu 70 Thlr. [Thaler] bei einem Scheerengießer (Schmitz). Am 9ten October 1867 schenkte uns der Herr das lte Kind, ein Töchterchen, das wir Maria nannten. Welche Freude für uns, als wir das 1te Kindlein herzen durften! Doch bekamen wir bei dieser Gelegenheit die Wahrheit des Spruches zu kosten: 1. Cor. 7, 28 „die da freien, werden leibliche Trübsal haben." Die junge Mutter bekam am 10ten Tage einen Fieberfrostschauer, folgedessen schwoll und entzündete sich die Brust u[nd] vereiterte, so daß sie kein Kind an der Brust mehr nähren konnte. Wir mussten zur künstlichen Ernährung übergehen, ein Umstand, der uns oft Noth verursachte. Das 1te Kind konnte die Kuhmilch nicht vertragen. Der Arzt rieth: „tüchtig verdünnen" es half nicht, das Kind magerte ab, hatte fortwährend Erbrechen und Durchfall. Der Arzt verordnete Calep als Nahrung, auch das half nicht. Es trieb uns ernstlich in's Gebet, umsomehr, als sich der Keuchhusten einstellte. Als ich dann eine Berufsreise antreten mußte, ging meine Frau nach Hackhausen zu ihrer Schwester Emilie. Diese gab dann, den Verordnungen des Arztes entgegen, dem Kinde frische lebenswarme Kuhmilch. Diese schlug an, als ich wiederkam, kannte ich das Kind fast nicht wieder, so hatte es sich erholt. Am 1ten Ostertage 1868 schien es uns, als würde es uns

41
Ich lege einen auserwählten köstlichen Eckstein in Zion;
wer an Ihn glaubt, soll nicht zu Schanden werden.
1. Petr. 2, 6.

in folge des Keuchhustens sterben, doch der Herr erhielt uns das Kind. Es war ihm beschieden, zu unserer Freude zur Jungfrau heranzuwachsen, Frau u[nd] Mutter zu werden. Im Sommer 1867 veranlasste mich Br[uder] Otto Kauk am Schlagbaum, mit ihm gemeinschaftlich ein Doppelhaus zu bauen. Er hatte dort ein Grundstück 200 quadrat Ruthen für 1000 Thaler gekauft und überließ mir 90 Ruthen zum Selbstkostenpreise, zu 45 Thalern. Dann bauten wir, in jedem Stockwerk 3 Zimmer a Einzelhaus, so daß jeder 6 Zimmer u[nd] 2 Dachzimmer erhielt. Da meine Gattin noch aus dem Nachlaß des Vaters ca 1000 Thaler besaß, so glaubte ich, es sei das Rathsamste, für eine eigene Wohnung zu sorgen. Doch kamen wir in Verlegenheiten wegen dem uns zustehenden Gelde, welches als Hypothek auf dem Hause des ältesten Schwagers Ernst in Merscheid ruhte. Dieser konnte ein anderes Kapital in damaliger Zeit nicht erhalten, und auch wir mußten eine Hypothek aufnehmen und wussten sie nicht zu bekommen. Es war eine schwere Zeit, sowohl für uns, als auch für andere Leute. Die Kapitalien wurden zumeist in Aktien angelegt, wo sie größeren Gewinn versprachen. Doch der Herr half uns im Sommer 1868 aus. Ein christl[icher] Mann verkaufte ein Haus in Solingen und von dem Erlös lieh er uns 1300 Thlr. Carl Kauk lieh uns 450 Thlr. der Schwager beschaffte uns auch das Geld, u[nd] so wurden wir fertig. Es kostete uns in Sa. 2.800 Thlr. d.h. mir und meiner Frau. Den oberen Stock vermietheten wir an eine Familie für 70 Thaler, u[nd] ich mußte 85 Thaler Zinsen zahlen. An der Familie gab es manches zu tragen. Die Frau war zänkisch, u[nd] die Ehegatten hatten oft Streit untereinander oder mit den Kindern. Sie waren Mitglieder der Gemeinschaft u[nd] ich war sehr enttäuscht. Ein Beispiel, wie sie auch uns in Streit zu verwickeln suchte, möge zur Illustration dienen.

Eines Morgens bei dem Erwachen war der 1te Gedanke: "Vater vergieb ihnen, denn sie wissen nicht, was sie thun". Dies Wort des sterbenden Heilandes ging mit, wohin ich mich wandte. Ich sagte es meiner Gattin. Diese sagte: Paß' auf, dann ist Etwas im Anzuge. Wir tranken dabei den Morgenkaffee, lasen dann das Leidenskapitel u[nd] beteten, wenn Etwas im kommen sei, möge der Herr uns diese Gesinnung geben, um Ihm nicht Unehre zu machen. Als wir kaum gebetet hatten, kam unser Miether in Aufregung herein, überhäufte uns mit Schimpfworten, wie: Spitzbubenpack, feine Halunken u[nd] dgl. mehr. Ich fragte ihn: was denn los wäre, da er in solcher Weise hier aufträte? Da erklärte er, wir hätten ihm Kohlen aus dem Keller gestohlen. Meine Frau fragte ihn: Halten sie uns wirklich für so schlecht?

42
Also hat Gott die Welt geliebet, dass Er Seinen eingeborenen Sohn gab.
Joh. 3, 16.

Da wurde er noch zorniger und schimpfte sie: Huren-mensch, schlechtes Weib. Da zuckte es mir in den Armen, ich ging an's Fenster, öffnete es u[nd] wollte ihn packen und her-aus in den Hof werfen. Da hieß es wieder in mir: Vater ver-gieb, sie wissen nicht, was sie thun. Das war eine kalte Du-sche auf die innere Hitze, ich nahm meine Frau an der Hand u[nd] ging mit ihr in's Schlafzimmer, schloß die Thür ab, ließ den Mann stehen u[nd] wir beugten unsre Knie, u[nd] beteten für sie, und dankbar dem Herrn, daß er mich vor Zornaus-bruch bewahrt hatte. Das Schimpfen dauerte dann im Haus-flur u[nd] oben noch eine Weile, dann ward es ruhig. Dann besuchte uns eine benachbarte gläubige Schwester, die das Schimpfen gehört hatte u[nd] fragte: was vorgefallen sei? Wir erzählten ihr den Hergang, baten sie aber, darüber zu schwei-gen. Ihr Mann war im Gemeindevorstand und wir wünschten nicht, das dieser es den Br[üdern] anzeigte. Kurze Zeit darauf hatte der Vater einen seiner Söhne bluthfleckig geschlagen, da zeigte dieser die Eltern bei dem Vorstande an, das hatte ihren Ausschluß zur Folge. Der Sohn war erwachsen u[nd] auch Mitglied in der Vers[ammlung] oder Gemeinde. Dies war 1871 im Herbst u[nd] mir war der Besitz des Hauses ver-leidet. Mitte Juli 1870 brach der Krieg mit Frankreich aus und ich mußte als Landwehrmann wieder zu meinem alten Trup-pentheil, dem Westphäl[ischen] Pionierbat[aillon] No 7. Das

42F

Linienbat[aillon] war bereits ausgerückt, ein Reserve- u[nd] ein Besatzungsbatallion wurde gebildet, welch letzterm ich zugetheilt wurde.

Kurz vorher am 26ten April hatte uns der Herr ein Söhnchen geschenkt. Welche Freude für uns, nun auch einen Sohn zu haben! Der Abschied im Juli von Mutter und Kindern war wohl schwer, doch da ich in Cöln blieb, so war auch zeitweilig Gelegenheit zum Besuch geboten. Welche Freude für das ganze Volk und Land für das Heer im Felde, wie den Soldaten im Lande, als Napoleons Heere in der Entscheidungsschlacht bei Sedan besiegt wurden! Wenn auch bis zur völligen Niederwerfung der sich verzweifelt wehrenden Franzosen und ihrer Hauptstadt noch ein halbes Jahr bis zum Friedensschluße und unserer Entlassung verging, so war doch die Hoffnung dazu lebendig in allen. Welche Freude für die verheiratheten Soldaten, in der Landwehr und den Reservetruppen, als es hieß: „Heimkehren". Ja, das mußte man erlebt haben. Welch schönes Wort - Friede - aber das schönste ist, „Friede mit Gott" - Hoffnung zukünftiger Herrlichkeit - Heimkehr aus dem Kampf mit der Sünde, Welt, Teufel, in das Vaterhaus Gottes u[nd] des Heilandes! Als ich heimkehrte Anfangs April, lagen meine äußeren Verhältnisse ungünstig. Die Zinsen des Kapitals auf dem Hause waren fällig, die Miethe war von meiner Familie eingenommen und verzehrt worden. Von den Liebesgaben des Volkes, die für die Landwehrleute gesammelt wurden, hatte meine Frau monatelang

42F

Nichts erhalten. Eines Tages kam ein Bruder (Schmittert aus Demmeltrath bf: Wald) zu ihr

43
Er heisset: Wunderbar, Rath, Kraft, Held, Ewig-Vater, Friedefürst
Jes. 9, 6.

und fragte sie: ob sie auch Unterstützungsgeld erhalten hätte? Sie mußte dies verneinen. Da ging dieser Br[uder] zum Bürgermeister und erklärte: wenn partheiisch bei der Vertheilung verfahren würde, dann würden er u[nd] Andere für die bedürftigen Familien selbst sorgen, dann brauchte aber Niemand mehr zu ihm zu kommen bei den monatlichen Sammlungen. Daraufhin ließ der Bürgermeister meine Frau in die Amtsstube kommen u[nd] sagte: Ich höre, sie haben sich beschwert, das sie keine Unterstützung bekommen. Sie: Das ist nicht so, ich bin darum gefragt worden. Der Mann, der mich fragte, war sehr ungehalten, als ich ihm wahrheitsgemäß antwortete. Er: Ja, wir haben geglaubt, Sie hätten Vermögen, und hätten's nicht nöthig. Sie: Herr Bürgermeister, Vermögen besitzen wir nicht, Menschen habe ich nicht geklagt, ich klagte meine Noth meinem Gott, aber den Kalk von den Wänden kratzen und verzehren konnte ich auch nicht. Er: Ja, was beanspruchen sie denn? Sie: Herr Bürgermeister, ich bin nicht gekommen, um Forderungen an Sie zu stellen, handeln Sie nach Pflicht und Gewissen, ich bitte, mich zu entlassen. Was noch bei diesem Dialog weiter gesprochen wurde, weiß ich nicht mehr, dieses hatte sich mir aber tief eingeprägt. Darauf erhielten wir monatliche Liebesgaben, wofür wir herzlich dankbar waren. Auch ließ der Brüderverein ihr monatlich eine Liebesgabe zukommen. 12 1/2 Thlr. [Thaler].

43F

Doch von dieser Kriegszeit fing meine Frau zu kränkeln an. Als ich heimkehrte und wir zusammen saßen, fiel mir ihre eingesunkene Brust und gebückte Haltung auf. Ich bat sie: die Brust heraus zu werfen und sich zu strecken. Ja, sagte sie könnte ich das, ich kann es nicht mehr. Da wußte ich genug, sie war Brustleidend geworden u[nd] ihr Zustand verlangte Schonung, soweit es möglich war. Es stellten sich Drüsenschwellunqen u[nd] Eiterungen ein, die mehrfach vom Arzt aufgeschnitten wurden. Eines Tages fragte ich den Arzt: ob diese Knoten bedenklich seien? Er erwiederte: Solange die Lunge noch frei bleibt, ist keine Gefahr, aber - dabei zuckte er die Schultern. Wir liebten uns sehr innig und der Gedanke: sie wird nicht alt, war mir sehr schwer. Wie viel uns dies in's Gebet trieb, weiß der Herr.

In den nun folgenden Jahren gab es manche Erfahrungen, sowohl im Berufsleben wie im Familienleben. Während Br[uder] Leopold Bender auch einberufen war und bei dem Etappenkomando in Frankreich war, konnte ich ihn Sonntags in Cöln vertreten. Ich konnte längere Zeit bei Familie Halbach zu Mittag essen und das dafür ausgelöhnte Geld sparen und meiner Frau zukommen lassen.

Mein Gehalt betrug damals 25 Thlr. [Thaler] oder 75 mk. [Mark]. Da manche Berufstouren auch in die Umgegend und weiter hinaus führten, so war öfter nach einem halben Monat schon die Kasse erschöpft, zumal auch manche Besucher zu uns kamen. Als ich z.B. vom Militair zurückkam, hatten die Sol[inger] Geschwister einen Mann bei meiner Frau einlogiert, der ca 3 Wochen bei uns herbergte als christlicher Bruder, der dann aber fortging, als ich heimkam. Doch der Herr half immer wieder weiter. Bis zum Frühjahr 1872 hielten wir uns im eigenen Hause. Der Versuch, es durch den Notar öffentlich verkaufen zu lassen, mißlang, es kam kein Käufer, zum Selbstkostenpreis hätten wir es gerne verkauft, zu 2.900 THALER. In jene Zeit fällt das Seite 24 Erzählte von

44
**Siehe, Kinder sind eine Gabe des HErrn, und Leibes-
frucht ist ein Geschenk.**
Ps. 127, 3.

meinem Hypothekengläubiger Gustav Linder, wo mir mein
Onkel geliehenes Geld zurückschickte u[nd] womit ich Zinsen zahlen musste. Einige Tage nach dem öffentlichen Ausgebot des Hauses meldete sich ein Käufer, bot mir aber nur
2.600 Thaler. Die Noth drängte und wir verkauften es mit
Schaden. Es mußte dann zum 1. Mai geräumt werden. Tags
nachher musste ich eine Reise ins Siegerland antreten am
3ten März u[nd] blieb mehrere Tage aus. Unsere Bitte war:
daß der Herr uns eine geeignete Wohnung möge finden lassen. Als ich heimkam, sagte meine Frau Schw[ester] Louise
Wilms aus Klauberg sei zu ihr gekommen mit der Nachricht:
eine alte Tante von ihr, Frl. [=Fräulein, eine alte Bezeichnung
einer ledigen Frau; HR] Helene Hahselbach auf dem Südwall
wohnhaft, hätte eine leerstehende Wohnung u[nd] hätte
gerne, daß wir zu ihr zögen. Wir gingen hin, sie zu besehen.
2 Zimmer im Parterre, eins 2 Treppen hoch, und eine Bodenkammer. Gleichzeitig kam ein anderer Mann u[nd] wünschte
sie zu miethen. Die Frl. sagte: die sei schon vermiethet (obgleich wir noch Nichts gesprochen) Er fragte aber doch nach
dem Preise. Sie sagte: 100 Thaler, aber es sei zwecklos, da
sie schon vermiethet sei. Ich bekam einen Schreck, als ich
100 Thlr. hörte. Der Mann ging.

44F

Dann sagte sie: Ich wollte den Mann nur fort haben, sie sollen die Wohnung für 85 Thaler haben. Die hintere Flur konnten wir als Küche benützen. Dagegen war Nichts einzuwenden u[nd] ich miethete sie, konnte dann auch regelmäßig die Miethe entrichten. Es war des Herrn Weg für uns. Der Südwall mit seinem furchtbar schlechten, holprigen Pflaster, die enge Straße, der verbaute Hof mit seinen Hintergebäuden wollte unsern Kindern durchaus nicht behagen. Papa laß uns wieder nach unserm Hause gehen! riefen sie oft und mir schnitt es in's Herz. Wir sandten sie dann in die Kinderverwahrschule, damit sie dort ein Spielplätzchen und Verkehr mit andern Kindern hätten, bis sie in die Volksschule gehen mußten.

Es war mir Anfangs auch sehr schwer, daß wir unser Haus verlassen mußten, worin ich mich geplagt, mit dem alten Br[uder] Schmitz drin geschreinert, das wüste Feld zu einem Garten umgestaltet, Bäume und Sträucher gepflanzt hatte und nun zwischen öden, dunkeln Mauern saß. Wenn ich vorbei gehen mußte, sah ich nach andrer Richtung, um es nicht zu sehen. Habe im Stillen oft geweint, aber es war nicht zu ändern. In meinem Beruf war kein Geld zu verdienen u[nd] wir dienten dem Herrn. Er fand es für gut und nothwendig, uns Demüthigungswege zu führen. Die Kraft meiner Frau war gebrochen. Bei mir stellte sich ein chronisches Magenleiden ein, was aller Mittel spottete u[nd] mich sehr elend machte. Doch wollte und mußte ich meinem Beruf dabei nachgehen.

44F

Als wir die Wohnung gemiethet hatten, hörte ein Post-
sekretair, der die obere Etage gemiethet, daß wir dort einzö-
gen. Er bat Frl. Hahselbach: sie möchte ihn los lassen, er
könne unmöglich mit solchen Leuten, wie wir seien, zusam-
menwohnen. Die alte Dame erwiederte: sie sei 70 Jahre alt
und fürchte sich nicht, hätte auch nie gehört, daß wir Jemand
gefressen hätten, er solle nur ruhig einziehen, Streit gäbe es
nicht.

45

**So spricht der HErr: Weiset Meine Kinder,
das Werk Meiner Hände, zu Mir.
Jes. 45, 11.**

Dieses theilte sie mir mit und ich war dankbar dafür,
denn wir wußten nun, wie wir uns zu verhalten hatten, kamen
den Leuten stets freundlich u[nd] gefällig entgegen.

Dann wurden sie langsam zutraulich, die Frau brachte
uns, wenn sie ausgehen mußte, ihr Kind zum bewahren.
Wenn er Nachtdienst hatte u[nd] im Dunkeln frühmorgens
heim kam u[nd] er seine Frau aus dem Bett schellen wollte,
kam ich zuvor und öffnete, damit sie nicht gestört wurde
u[nd] dgl. m[ehr]. Wir haben in nachbarlichem Einverneh-
men gelebt. Im Frühjahr [18]72 herrschten die schwarzen Po-
cken in Solingen, wie auch im Jahr 1865. Damals hatte ich
manche dieser Kranken besucht, z.B. ein Lagergehülfe (also
[18]65) des Br[uders] Carl Kauk, Namens Johann Schiffbauer (Br[uder] des bekannten Schi.-) lag im Krankenhause
oben in einer isolirten Bodenkammer. Als ich mit seinem
Nachfolger Brabender eintrat, erschrak letzterer sehr, als er
das schwarze Gesicht sah und die giftige Ausdünstung roch,
u[nd] trat zurück. Ich ging an sein Bett begrüßte ihn und
sprach mit ihm freundliche Worte, denn er war gläubig an den
Heiland. Er klagte über brennenden Durst. Etwas entfernt von
ihm stand ein Glas Limonade das ihm der Wärter in Eile hin-
gesetzt, aber das Tischchen nicht an's Bett gerückt hatte u[nd]
er selbst konnte nicht hinlangen. Ich schob einen Arm unter

seinen Kopf richtete ihn auf u[nd] hielt mit der anderen Hand das Glas an seinen Mund, das er begierig austrank. Dann hauchte er mir den Dank hin, ja - - das war gut! Aber dieser Hauch war entsetzlich. Den Geruch konnte ich längere Zeit nicht los werden. Doch der Herr bewahrte mich, kein Unwohlsein ergriff mich nach diesem und anderen Besuchen. In Niddert besuchte ich einen Fuhrmann, der roh und ungläubig war und der seine gläubige Frau auch roh behandelte. Er hatte auch diese Krankheit. Sein Name war Vogel. Seine Freunde u[nd] Bekannten blieben ihm fern, aus Furcht, angesteckt zu werden. Ich sprach auch mit ihm freundliche Worte über den Ernst der Krankheit, des vielleicht nahen Todes, der Herrlichkeit, ein Kind Gottes werden zu dürfen durch den Heiland u[nd] die Nothwendigkeit, es zu werden u.s.w. Als ich Abschied nahm, dankte er für den Besuch u[nd] reichte mir die Hand, dann sagte er zu seiner Frau: Jetzt habe ich den Unterschied zwischen meinen u[nd] deinen Freunden gesehen, Frau, ich lege Dir Nichts mehr in den Weg, besuche nur diese Versammlungen. Er blieb zwar auf seinem Wege, nachdem er wieder genas, aber die Frau hatte Ruhe vor ihm. In Vohwinkel herrschte auch diese Krankheit, sowie auch die Cholera. Manche unserer Geschwister erlagen denselben. Doch darf ich sagen: Der Herr behütete mich bei den Krankenbesuchen. Auch fürchtete ich sie nicht, wohl ging ich trunkenen Menschen aus dem Wege, den Krankheiten nicht. Im Juni [18]72 bat mich ein Br[uder] Carl Kaiser: ich möchte seinen blutpockenkranken leibl[ichen] Bruder einen Althändler besuchen, sowie dessen Sohn, der ebenfalls krank daran lag. Ich ging hin.

Die Frau war krank gewesen, hatte aber das Bett wieder verlassen. Die Fieberdelierien waren indeßen so stark, daß ich es aufgeben mußte, mit ihnen zu reden. Der Mann starb auch bald nachher. Die Geschäftsbücher, eine kleine in der Lotterie gewonnene Geldsumme und der Umzug in andere Wohnung wirbelten dem Manne im Kopf herum und ließen keinen andern Gedanken aufkommen, obgleich ich einigemal ihn aufrief, aus den Delierien. Wie schwer, in solchen Krankheiten Jemand beizukommen!

46
Ihr Väter, ziehet eure Kinder auf in der Zucht und Vermahnung zum HErrn.
Eph. 6, 4.

Am nächsten Tage fühlte ich mich unwohl. Frost-schauer schüttelten mich. Da die Niederkunft meiner Frau be-vorstand, bat ich eine gläubige Frau (des Briefträger Weiden) meiner Frau beizustehen, ging auch zur Hebamme. Beide ka-men u[nd] als ich zu Hause vom Frost geschüttelt umherging, schafften sie mich in der obern Etage in's Bett, [ich] ver-brachte aber eine unruhige Nacht, hörte aber, wie es unten hin u[nd] her ging. Gegen Morgen wurde es stille. Auf einmal ergriff mich die Angst um meine Frau, der Gedanke: „sie ist vielleicht gestorben", ließ mir keine Ruhe, ich fuhr aus dem Bett, kleidete mich an und hinunter gings zu ihr, athmete aber auf, als sie ruhig mir sagte: die Frauen seien fortgegangen, es sei noch nicht soweit, sie hätte aber Krampfwehen, die ver-kehrt drängten. Da wir eine homöopathische Hausapotheke besaßen, gab ich ihr eine Gabe Secale cornutum. Diese wirkte. Auf einmal sagte sie: Hole mir schnell die Amme! Als ich auf die Straße kam, tanzte Alles vor meinen Augen. Mit einem Hülferuf zu Gott, rannte ich vorwärts dem Hause der Amme zu, rief ihr: sie möge schnell kommen, was auch ge-schah. Nach der Untersuchung ging sie mit mir aus dem Zim-mer u[nd] sagte: Schnell zum Arzt, der muß eine Wendung vornehmen, das darf ich nicht. Die Nabelschnur lag dem Kind um den Hals. Eiligst rannte ich zum Arzt, schüttelte ihn an seinem Bette wach u[nd] bat ihn dringens, zu uns zu kommen.

46F

Er hieß mich dann die Instrumente mitnehmen und einen gu-
ten Kaffee ihm kochen. Der Tisch stand voller Weinflaschen,
die Herren hatten gekneipt. Ich rannte nach Hause, kochte
Kaffee, dann kam er und es war Hoch Zeit, daß er kam. Die
Wendung fand glücklich statt und ein prächtiger Junge kam
zum Vorschein. gleich darauf nahm mich die Amme zur Seite
u[nd] sagte: Herr Bender, erschrecken sie nicht, es kommt
gleich noch eins, aber die Frau muß ein wenig ruhen, bis neue
Kraft geschöpft ist. Der Arzt erklärte: es stehe gut, er sei hier
nicht mehr nöthig. Sein Honorar betrug 6 Thaler. Dann ging
ich alleine u[nd] betete um des Herrn Segen für die Kinder,
schlug die Bibel auf und fand die Stelle Markus 10, 13-16:
„Und sie brachten Kindlein zu Ihm, daß er sie anrührte". 0,
wie mich diese Geschichte erfreute! Sie war mir ein Angeld
auf die Erhörung meiner Bitten. Bald nachher kam auch das
2te Kind, ein Mädchen. Es mochte gegen 2 Uhr Morgens

47
Ich harre, HErr, auf Dich, Du, HErr,
mein Gott, wirst hören.
Ps. 38, 16.

sein, als Alles vorüber war und die Hebamme nach Hause
ging. Sie erhielt 4 Thaler. Durch die Angst und Aufregung,
durch das Laufen und Arbeiten war ich schweißtriefend geworden und die Macht des Fiebers war bei mir gebrochen, ich
erkrankte nicht. Das war auch Gotteshülfe. Ich hatte für diese
Zeit ein Mädchen zur Hülfe angenommen, Kind einer gläubigen Familie für den Tageslohn von 7 1/2 Silbergroschen, das
kam dann an diesem Morgen. Die 10 Thaler hatte ich für den
Tag reserviert. Als Dr. und Amme weg waren, da war auch
das Geld weg. Hatte nun statt 2, 4 Kinder, eine Wöchnerin
u[nd] ein Dienstmädchen. Nun hieß es wieder: „Rufe mich an
in der Noth"! dies geschah und die Errettung und der Lob-
preis folgten. Nach genauen Aufzeichnungen aus damaliger
Zeit ließ mir der Herr durch Geschwister aus Barmen, Cöln,
Mülheim, Düsseldorf, Homberg, Gummersbach, Gosenbach
in 10 Tagen über 100 Thaler als Liebesgaben zufließen. Als
ich die 1te Rate von dem Ankäufer unseres Hauses im Mai
erhielt, bezahlte ich sämtliche Schulden u[nd] reservirte die
10 Thaler, weil ich nicht in Verlegenheit kommen wollte bei
diesem Ackt. Das machte 350 Thaler aus, was ich erhielt. 500
blieben stehen bis Mai 1875. Von dieser Zeit an ließ uns der
Herr in merkwürdiger Weise Seine Güte und freundliche
Durchhülfe erfahren, wovon das Haushaltungsbuch Zeugniß
giebt. Er machte viele Herzen willig in den Versammlungen

47F

hin u[nd] her, denen ich diente mit dem Evangelium. Wie u[nd] wann wir Bedürfnis hatten, gab Er es uns. Oefter lagen wir im Gebet auf den Knien und der Briefträger stand mit Postanweisungen oder Geld-Briefen und Paketen an der Thür u[nd] klopfte. Augenblickliche Erhörung! Manche dieser Briefe habe ich später den Zwillingskindern, als sie sich verheirathet hatten, gegeben zu einem Zeugnis, wie der Herr von Kindesbeinen an für sie gesorgt hatte. Wir gaben Beiden unsere Eltern-Namen Carl u[nd] Aurelie. Um Ende April hatte ich noch eine Pflegetochter angenommen, Mathilde König. Deren Vater war auf dem Sterbebett zum Glauben gekommen. Er war Schleifer und starb in seinen besten Jahren. Ich lernte die Familie anfangs 1865 kennen, als ich nach Solingen kam, besuchte sie öfter, die Mutter war auch viel leidend. Einmal wurden ihnen die Möbel auf dem Markt verkauft, weil gepfändet. Ein Verwandter hörte es, ging aus der Schmiede auf den Markt, fluchte und wetterte und drohte Jedem, der darauf böte, die Knochen entzwei zu schlagen. Dann bot außer ihm auch Niemand darauf. Dann bezahlte er und hieß den Fuhrmann wieder die Sachen zurück zu bringen. Das kam so: Der Arzt hatte dem Vater das Schleifen verboten. Die Leute hatten sich einiges Geld gespart u[nd] fingen ein kleines Colonialwaren-Geschäft an, waren aber zu gutmüthig und borgten den Kunden zu viel, kamen dann selbst in Verlegenheit u[nd] konnten ihre Lieferanten nicht bezahlen, wie dies häufig der Fall ist bei solch kleinen ungelernten Geschäftsleuten, die aus Nothlagen ein solch Geschäft beginnen.

47F

Später starb der Mann, nachdem er nothgedrungen wieder schleifen musste, dann aber bald fertig war damit. Seine Frau folgte ihm April [18]72 nach. Kurz vor ihrem Tode besuchte ich sie, da sagte sie: ein Sorgenstein liegt auf meinem Herzen. Ich fragte: was es sei? Mein Kind sagte sie, wo soll es hin? Zu Verwandten, das möchte ich nicht, es würde verdorben.

48

Im Namen Jesu sollen sich beugen Alle, die im Himmel,
auf Erden und unter der Erde sind.
Phil. 2, 10.

Ich sagte ihr: daß ich mit meiner Frau darüber gesprochen hätte, sie möchte sich beruhigen wir wollten sie zu uns
nehmen. Dann dankte sie mir, u[nd] sagte, nun könne sie ruhig sterben. Eine 2te Sorge war die: sie hatte 1ten Mai die
Wohnung zu verlassen und eine andre nicht gemiethet. Ich
sagte ihr: sie würde vor 1ten Mai aus- und heimziehen. So geschah es. Vor 1ten Mai wurde sie beerdigt u[nd] Mathilde
kam zu uns. Keiner der Verwandten hatte auch Rechte geltend gemacht an sie. Meine 1te Pflegetochter, der Frau
jüngste Schwester Clara war auch bei uns, so hatte ich eigentlich jetzt 6 Kinder. Mathilde war aus der Schule, musste nä-
hen und haushalten lernen, um später hinaus zu ziehen und
ihr Brod zu verdienen. Clara ging noch zur Schule. Diese Beiden hatten ihre Freude an den Zwillingen und schleppten damit herum. Aurelie wurde in ihrem 1ten Jahr ruhrkrank, das
Kind hatte schlimme Durchfälle und magerte zum Skelett ab.
Eines Sonntags Abends nach der Versammlung schlossen wir
unsere Thür u[nd] beugten unsre Kniee vor dem Herrn und
beteten inbrünstig um die Erhaltung seines Lebens. Während
dem klopfte es an unsrer Thüre an. Doch öffneten wir erst, als
wir gebetet hatten, u[nd] ließen den Besuch so lange warten.
Es waren Heinrich Lück und seine Frau Johanna. Dann sagten wir ihnen die Sache. Der Mutter war während dem Beten
der Gedanke gekommen, sie solle das Kind mit Oel salben.

48F

Dann that sie dieses, entkleidete das Kind, salbte es u[nd] hielt es an den warmen Ofen. Die Wirkung trat auch sofort ein, der Durchfall hörte auf und unser Kind erholte sich, während die angewandten Mittel nicht anschlagen wollten. So durften wir allerlei Erfahrungen von der Güte des Herrn machen. Von Kinderkrankheiten waren wir öfter heimgesucht. Masern Brännehusten, Keuchhusten, Lungenentzündung u.s.w. In der Wohnung war es im Parterre sehr feucht, weil die Sonne kaum hineinschien. Alles schimmelte u[nd] es wimmelte von Ameisen. Zucker u[nd] andere süße Sachen waren im Nu voll davon. Dort wohnten wir 1 1/2 Jahr. Carl Kank hatte sein altes Elternhaus niederlegen u[nd] ein neues nebst Versammlungssaal bauen lassen. Wir wurden dann von ihm veranlasst, dahinein zu ziehen und Reinigung, Heizung u[nd] Bedienung zu übernehmen, hatten dann 2 an den Saal anstoßende, mit Flügelthüren versehene Zimmer sowie 3 Mansardenzimmer, wohnten miethfrei darin, und wenn's nöthig war bei Liebesmahlen u[nd] dgl. mußten wir die untern Zimmer räumen zu Versammlungszwecken. Wir zogen Ende October 1873 hinein.

49
Ich liebe, die Mich lieben,
und die Mich frühe suchen, finden Mich.
Spr. 8, 17.

In diesem Hause wurde am 2ten Dezember 1873 unser
Theophil geboren. Die Zwillinge konnten noch nicht laufen
u[nd] da wir mit der Ernährung große Schwierigkeiten hatten,
die Mutter nicht säugen konnte, die Kinder die Kuhmilch
nicht vertrugen, so hatte man uns den Gebrauch der konden-
sierten Schweizermilch angerathen und das ging. Wir ge-
brauchten alle 1 1/2 Tage eine Büchse von 11 Spr. [Silber-
groschen?] Das war eine jährliche Kindermilchrechnung von
ca 90 Thlr. ohne die andre Kuhmilch, die wir brauchten, und
ohne die vielen Saugflaschen, die entzwei gingen. Auch waren nun 3 zu verwahren u[nd] eine große Kinderwäsche jede
Woche, dabei wenig Raum zum trocknen, wenigstens in dem
vorigen Hause. In dem neuen mußte dann der Saal mit diesem
Zwecke dienen. Im Laufe der Zeit war die Arbeit in Solingen
vom Herrn gesegnet worden. Im Jahr 1874 hatten sich in den
verschiedenen Arbeitsfeldern* des evang[elischen] Brüdervereins die bestehenden Versammlungen u[nd] Abendmahlsgemeinschaften veranlaßt gesehen, um der Propaganda der
Baptisten, Darbysten und Methodisten, Albrechtsbrüder
u[nd] A[ndere] in etwa zu begegnen, zu einem Bunde freier
Gemeinden u[nd] Gemeinschaften zusammen zu schließen.
Auch die Solinger Gemeinschaft schloß sich an. Dieser Bund
veranlasste die Br[üder] Joh: Spiehs und auch Wilhelm Weber aus Breitscheid, die Gemeinschaften zu besuchen. Später

127

stellte man einen Prediger der holländischen freien Gemeinden auch zu diesem Zweck an. Dieser kam 1875 auch nach
Solingen, hielt Vorträge über Gemeinde und Verfassung derselben. Das fiel in Solingen auf fruchtbaren Boden. Das Resultat war: daß die bisherige Abendmahlsgemeinschaft sich
als freie ev[angelische] Gemeinde konstituirte, Gemeindeältesten und Diakonen als Vorsteher wählte, eine Verfassung
aufstellte und in ihrem Kern aus dem landeskirchlichen Verband austrat. Am 21ten Januar 1876 fand dann eine Gemeindefeier mit Liebesmahl statt. Ich holte die von Elberfeld-Barmen zu dieser Feier eingeladenen Brüder am Bahnhof ab.
Meine Frau machte noch den Kaffee u[nd] dgl. zurecht, dann
mußte die Hebamme wieder geholt werden u[nd] während die
Gemeinde versammelt war und Liebesmahl feierte, ward mir
ein Töchterchen geboren, die wir Clara nannten. Ich hatte einer jungen Frau aus Barmen die Leitung in der Küche übertragen u[nd] alles ging seinen geordneten Gang. Dieses Kind
starb am 9ten Juli 1877 an der Lungenentzündung im Alter
von 1 1/2 Jahr. Da ich nun 6 Kinder hatte im Alter von 10, 7,
2 von 5, 3 1/2 u[nd] 1 1/2 und meine Frau Sonntags mit den
Kindern auf die Mansarden, später auf den obersten Speicher
gehen musste während den Versammlungen, so entschlossen
wir uns im Monat Juni der Gemeinde zu erklären: daß wir auf
die Wohnung verzichten müssten, wir müssten Dienstmädchen halten und dies sei schwierig, weil die Mansarden be-
schränkt waren und auch häufig Brüder bei uns logierten. Da
lebte das jüngste Kind noch, wurde aber bald darauf krank

49F

und der Herr nahm es, während ich auswärts Versammlung
hielt.

50
Ermahnet euch untereinander und bauet
Einer den Andern, wie ihr denn thut.
1. Thess. 5, 11.

Am 10ten Juli 1877 beerdigten wir es und die Sol[in-ger] Geschw[ister] nahmen herzl[ichen] Antheil. Da erfuhren wir auch, was es heißt, ein Kind durch den Tod verlieren, doch war auch hier Gottes Wort u[nd] Geist Tröster, beson-ders Jesaias 65, 20: „Es sollen nicht mehr da sein Kinder, die ihre Tage nicht erreichen" u.s.w.

*In diesem Jahre hatte ich einen Br[uder] Gabler, ge-bornen Schweizer und auf der Chrischona unterrichtet, ins Haus aufgenommen, auf dem obersten Speicher noch eine Bodenkammer gemacht u[nd] dort einlogirt, damit er mich, weil ich vielfach abwesend war in andern Arbeitsfeldern des Brüdervereins, verträte in Solingen. Er ist monatelang, bis Spätherbst bei mir gewesen, dann zog es ihn wieder in die Schweizerberge, nach Herisen, wo er Bäckerei anfing. Ende April 1878 zogen wir dann dort aus, zum Conditor Krägelak in der Kirchstraße. In diesem Hause wohnten wir bis zum 1. Mai 1881, also 3 Jahre lang. Hier ward uns auch im Sommer [18]78 ein Kind geboren, welches aber gleich nach der Ge-burt starb. Die Amme tröstete uns damit, daß das Kind nicht lebensfähig gewesen sei, ein lahmes Händchen hatte, was sie mir auch zeigte. Wir mussten dann dankbar sein, daß es der Herr genommen. Es blieb namenlos, ward auch nicht in's Ge-burtsregister eingetragen. Doch wird es der Herr eingetragen haben. Gelebt hatte es eine kleine Zeit und auch Schreie von sich gegeben.

*[18]78 In diesem Jahre trat ein für uns wichtiges Ereignis ein. Der Prediger Br[uder] Koopmann war im Jahre [18]77 (wohl im Herbst) durch einen Eisenbahnzug~Zusammenstoß verunglückt, hatte beide Beine gebrochen, war zum Besuch der Gemeinden des Bundes nicht mehr befähigt und erhielt vom Eisenbahn-Fiskus eine Leibrente, durfte auch folgedessen nicht mehr thätig sein.

Da nun der Bund genöthigt war, sich nach einer andern Person umzusehen, so fiel ihr Blick auf mich, da ich seit Jahren die Kreise besucht hatte, von den Versammlungen u[nd] Gemeinschaften war [ich] bei den verschiedensten Anlässen hingerufen worden. Eines Tages im Hochsommer [18]78 kamen die Brüder Bartels aus Barmen und Martin aus Elberfeld zu mir dieserhalb und wünschten, daß ich den Ruf annähme. Nach ruhiger Prüfung dieser Angelegenheit mußte ich mir sagen, daß ich diese Aufgabe übernehmen müsse. Das Statut des Brüder Vereins legte den freikirchlich gerichteten Brüdern gewisse Beschränkungen auf. Dieserhalb war Br[uder] Leop. Bender auch schon früher ausgetreten, u[nd] die Cölner Gemeinde hatte ihn zu ihrem Prediger u[nd] Ältesten erwählt. Ich musste also dem Brüderverein erklären: daß ich gekommen sei, dem Ruf des Bundes-Ausschusses zu folgen, würde aber nach wie vor dem Verein u[nd] den arbeitenden Brüdern das warme Intresse bewahren und mit den Letztern Hand in Hand arbeiten, was ja auch geschah und noch immer

50F

geschieht, auch in der Jubiläumsschrift des Br[rüder] V[er-
eins] Ausdruck fand.

51
Fürwahr, Er trug unsere Krankheit
und lud auf sich unsere Schmerzen.
Jes. 53, 4.

Mit Anfang des Jahres 1878 trat ich dann in das neue Verhältnis ein. Mit der Solinger Gemeinde wurde dann die Vereinbarung getroffen: daß ich in Solingen sollte wohnen bleiben, die Hälfte der Zeit mich den andern Gemeinschaften widmen, und die andre Hälfte der Solinger Gemeinde dienen solle. Der Bund solle dann mein Gehalt mir zahlen und die Sol[inger] Gem[einde] ihren Anteil dem Bundes-Ausschuß entrichten. Von besonderem Intresse war es mir, bei dem schreiben dieses Buches die Briefe von Br[üder] Neviandt, Bartels, Pstr. [=Pastor] Henser u[nd] Br[uder] Martin nochmals durchzulesen, nachdem 28 Jahre bereiths darüber vergangen sind. Die Befürchtungen des Br[uder] Neviandt und seines Schwagers, Pastor Henser: daß etwa könnten aus dem neuen Verhältniß Verwicklungen entstehen, waren begreiflich, aber unbegründet. Ich vermied es für meine Person, solche hervorzurufen, und wo sie droheten, wich ich lieber aus, besprach offen u[nd] vertraulich mit den leitenden Personen die Sachen, und somit gab es keine Verwicklungen. Diese alten Brüder sind seitdem fast Alle entschlafen, sowohl im Bundes-Ausschuß, als im Vorstand des Brüdervereins, nur Br[uder] Robert Ziem lebt noch, u[nd] Andere sind im Laufe der Zeit eingetreten und ich darf sagen: ich genieße von beiden Seiten Heute noch das Vertrauen und die Liebe und Achtung der Brüder. Der Ausschuß ist im Laufe der Jahre auch verstärkt worden, so daß aus den größeren Gemeinden u[nd] aus den Kreisen Vertreter im Ausschuß sind. Früher war deren Zahl kleiner, dadurch aber auch vertraulicher. Die Zahl ist größer, die Sitzungen aber auch geschäftsmäßiger. Die Zahl der Gemeinden hat sich seit dem Bestehen des Bundes auch mehr als verdoppelt, damals 20, jetzt wohl 44. Eine Anzahl früherer Abendmahlsgemeinschaften, die durch Boten des Brüdervereins mit Verkündigung des Evang[eliums] bedient wurden, haben sich konstituirt als Gemeinden und haben sich Prediger berufen, die z[um] Theil in Neukirchen, zum Theil auf Chrischona gewesen sind. Wesel hat einen Prediger, der die Basler Predigerschule besucht hat (Millard) Siegen: dito (Nagel) Witten dito (Schopf) ebenso auch Langendreer (Buhsemer) Homberg einen vollständig theologischen Mann, Hengstenberg Barmen (Koch) Elberfeld: früher Neviandt, jetzt Dehmel. Vohwinkel: Neukircher Zögling (Heymbruch). Düsseldorf: dito (Ischebeck) Mülheim a/Rhein Br[üder] Ver[eins] Bote: (Sprengel) Hochfeld: Chrisch[ona] Zögling (Meinhard) Bonn: Neuk[irchen] Zögling (Manderbach. Ehsen dito (Emil Kaiser) Wetter dito (Robert Kaiser) Solingen: Chrisch[ona] Zögl[ing] (Franz) Simmern Neuk[irchen] Zögling, Bote des Br[üder] Vereins (Becker) Schalksmühle: Neuk[irchen] Zögling (Zurmühle) Hamm: dito (Klein) Ihsum-Hörstgen: Bote des Br[üder] Vereins (Berns) Eibelshausen: Nahsau: Bote des Br[üder]. Vereins (Siebel) Haiger: früher Weber, jetzt Boten des B[rüder] V[ereins] (Will) Cöln: Prediger Leop. Bender, Hückeswagen: Bote des

51F

Br[üder] Vereins (Schlechter). Außerdem sind noch an verschied[enen] Stellen Boten des Vereins thätig, die aber als Evangelisten hin u[nd] herziehen, weniger Gemeinden bedienen, wie Otto in Kierspe, Deller in Sobernheim, Fischdick in Styrum, Köser in Wermelskirchen, Ulrich in Wiehl u[nd] A[andere].

So haben sich also seit [18]74, wo der Bund in's Leben trat, die Verhältnisse erweitert und verändert. In Lüdenscheid auch, dort waren Boten des Br[üder] Vereins, dann Neukirchen Zöglinge, dann Chrischona-Br[üder] u[nd] jetzt ein Mann, der sich selbst herausgebildet u[nd] zu keiner Anstalt oder Verein in Verbindung stand. Dieser Umstand: daß sich meistens

52

**Er ist um unserer Sünde willen dahingegeben und um
unserer Gerechtigkeit willen auferweckt.
Röm. 4, 25.**

die Gemeinschaften konstituirten und ihre eignen Prediger
wählten, änderte vielfach das Verhältnis zum Bunde. Auch
zeigte sich im Laufe der Zeit die Schwierigkeit meines Dop-
pel-Verhältnisses. Der Solinger Gemeinde genügte es nicht
und den andern Gemeinden auch nicht, während ich fortge-
setzt in angespannter Weise thätig war. Es führte zu manchen
Unannehmlichkeiten. Doch davon später. So lange ich Bote
des Ev[angelischen] Brüdervereins war leitete der Gemeindevorstand die Gemeindeversammlungen, ich war einfaches
Mitglied, hielt aber die Evangelisationsversammlungen in
Solingen u[nd] Umgebung und ging dem Vorstande helfend
u[nd] rathend zur Hand. Am 23ten Febr[uar] 1879 wurde der
Antrag an die Gemeinde gestellt: mich mit in den Vorstand
zu berufen, welches auch geschah. Da unser Versammlungslokal wieder allmählich zu klein geworden, so wurde beschlossen: ein eigenes, nicht gemiethetes, zu bauen, wogegen
Ernst Kayser Einspruch erhob. Da die Familie Mottert nach
meinem Auszug die Wohnung übernommen hatte u[nd] die
sämmtlichen Räume gemiethet u[nd] in Benutzung hatte,
ging Ernst K. von dem Gedanken aus, die an den Saal stoßenden Zimmer evtl ausgiebig zu benutzten und die Bodenzimmer an eine kleinere Familie zu vermiethen. Dies war 28ten
Dez[ember] 1879. Diese Einsprache wirkte aufregend. Am
25ten Jan[uar] 1880 erklärte Familie Carl Mottert sen[ior]

52F

u[nd] jun[ior]: Daß sie Mai auszöge und Carl Stamm mit seiner Mutter bereit sei: die Bodenzimmer zu beziehen. Eine Kommission war aber gewählt worden, die ein Bauprojekt ausarbeiten und nach einem Grundstück Umschau halten solle, im October 1879.

Anfang 1880 war an mich die Aufforderung von Düsseldorfer Brüdern ergangen: dorthin zu ziehen, weil mehr im Mittelpunkt meiner Thätigkeit gelegen. Eine Freiwohnung wurde mir dabei angeboten. Dieses zeigte ich brieflich der Solinger Gemeinde an am 8. Februar 1880. Am 29ten Februar 1880 wurde in der Gemeindesitzung gewünscht u[nd] beschlossen: daß ich in Solingen wohnen bleiben solle. Das Jahr 1880 war ein kritisches, da es zwischen meinen Verwandten u[nd] der Gemeinde manche unerquicklichen Debatten absetzte, was auch mir manches schwer machte. Das Bauen aber war beschlossene Sache und wurde auch im Frühjahr [18]80 in Angriff genommen. Ein Garten wurde, zwischen Wupper- u[nd] Dorpestr: gelegen, angekauft 50 Quadrat-Ruthen groß, eine Ruthe zu 11 Thlr. [Thaler]. Ein halbseitiges Haus nebst dran stoßenden größeren 1stöckigen Saal, im Haus ein kleiner von 2 Zimmern Raum u[nd] 1 Küche dabei. Oben 3 Zimmer u[nd] 1 Mansardenzimmer. Diese wurden uns als Wohnung zur Verfügung gestellt und im April 1881 zogen wir ein. Das war die 7te Wohnung seit meiner Verheirathung. Dort wohnten wir 13 1/2 Jahr bis Herbst 1894, wo wir nach Schalksmühle zogen. Darüber später Näheres. Es war eine freundliche Wohnung zwischen Gärten, ruhig für die Versammlungen, luftig und licht. Die Hälfte war ca bebaut, die Hälfte blieb Garten. Es war ein angenehmer Platz für uns Alle, für die Gemeinde, für uns und unsre Kinder.

53

Ich bin die Auferstehung und das Leben; wer an Mich glaubet, der wird leben, ob er gleich stürbe.
Joh. 11, 25.

Am 25ten Januar 1882 schenkte uns der Herr abermals ein Töchterchen, das wir Elisabeth nannten. Als die Mutter inne wurde, daß sie in Hoffnung sich befand, war sie tagelang traurig. Als ich sie nach dem Grunde fragte, sagte sie: Denkst Du noch daran, was mir bei der letzten Entbindung Frau Bäumer (die Hebamme) sagte: ich würde nie mehr ein lebensfähiges Kind zur Welt bringen?

Ich tröstete sie: was die Amme sagte, war kein Gotteswort, kein Evangelium. Komm wir wollen den Herrn bitten, uns ein lebensfähiges Kindlein zu schenken. Wir beteten darum, sie war dann ermuntert und aufgeheitert u[nd] blieb es auch.

Am Geburtstag ging Alles schnell und glücklich von Statten u[nd] wir waren erhört. Ein molliges, kräftiges Kindchen hielten wir dankbaren Herzens in den Armen u[nd] es gedieh zu unserer Freude. Im September machte ich eine Rheinreise mit den beiden früheren Pflegetöchtern Clara Kayser u[nd] Mathilde König, die 1tere führte Onkel Emil die Haushaltung, der sich mit Minchen Minnenberg verheirathet hatte, die aber nach 6jähriger Ehe an den Folgen einer Darmeinschiebung (Klemmung) starb am 2ten August 1877. Am 29ten Juli besuchte mich zum 1ten Male meine 2te Mutter, welche uns bei der Beerdigung Minchens gute Dienste

53F

leistete. Onkel Emil blieb dann an 8 Jahre Wittwer. Clara, die Schwester führte ihm dann Jahre lang die Haushaltung bis zu ihrer Verheirathung am 25ten Januar 1883.

Mathilde König verließ uns im Jahre [18]74, zog zu Br[uder] Bartels als Dienstmädchen nach Barmen, trat ein Jahr darnach aus, ging nochmals zu einer perfekten Kleidermacherin in die Lehre auf ein Jahr, und ward dann selbstständig, blieb aber anhänglich an unsre Familie, verheirathete sich im Juli 1883 mit einem gläubigen Schullehrer, Herrn Wilh[elm] Bräentier in Barmen, welche heute (1906) noch leben, während Clara Kayser nebst ihrem Manne seit einigen Jahren, nach jahrelangem Rückenmarksleiden (Knochenerweichung) entschlief. Die damalige Rheinreise, Herbst [18] 82 führte mich nach dem Hunsrück, St. Goar, Bacharach, Niederwald, von wo aus die Mädchen heimkehrten, ich fuhr nach Mannheim zu Wihswähser zum Jahresfest, nach Gernsbach zu Baron v[on] Gemmingen der dringend wünschte, ich möchte dorthin kommen u[nd] als Evangelist thätig sein. Er glaubte ganz bestimmt, einen Wink vom Herrn empfangen zu haben, während Br[uder] Neviandt, dem ich diese Fragen vorlegte, erklärte: „Ich könnte mit demselben ja mit größerm Recht dasselbe sagen, daß Sie bleiben sollen". Da gerade in Solingen gemeindliche Krisen vorhanden waren, schrieb ich an B[aron] v[on] Gemmingen: ich käme mir vor als ein Steuermann, der im Sturme das Schiff verlassen würde, wenn ich seinem Rufe folgen sollte. Dies leuchtete ihm ein u[nd] er stand dann davon ab.

53F

Am Ende des Jahres, zwischen Weihnachten und Neujahr [18]82 rief mich die Pflicht nach Burbach im Siegerland zur 2ten Verheirathung des Br[uders] Joh: Heinr. Schmidt (Diefen) nahm an dessen Hochzeit Theil am 29ten Dez[ember] nächsten Tags ging ich über den Berg unter strömenden Regen, nach Weidenau, besuchte Langenohls, ging dann zur Bahn, um nach Lüdenscheid zur Sylvester- u[nd] Neujahrsfeier zu reisen, fühlte mich Sonntag den 31ten aber unwohl, ward von Fieberfrost geschüttelt, hielt mich jedoch steif und aufrecht während der 2 Tage bis 2ten Jan[uar], wo aber die Fieber mich nöthigten, nach Hause zu reisen. In Hagen mußte ich ein wenig auf dem Perron auf den Zug warten, wurde aber furchtbar geschüttelt vom Frost, daß ich mich an einem Pfeiler festhalten musste, kam dann in ein Coupé, in das 15 Mann eindrungen, dann rauchten

54
**Seid fleissig zu halten die Einigkeit im Geist
durch das Band des Friedens.
Eph. 4, 3.**

und zum Theil betrunken waren und lärmten. 0, wie war ich
froh, als ich in Solingen war! Es ist ein Stück Hölle gewesen,
Fieberfrost, Zähneklappern, eingepfercht, Qualm, Gebrüll
u[nd] Geschrei, Fluchen u.s.w. u[nd] nun darin ewig sein
müssen? Hölle genug. Als ich heim kam, erschrak meine
liebe Frau, als sie mich sah, ich musste schleunigst in's Bett,
der Hals schwoll an, konnte nicht schlucken, es bildete sich
Mandelentzündung, die mich 24 Tage an's Bett fesselte.
Dann ging ich wieder aus. Es waren böse Tage. Schlaftrun-
ken, aber sobald ich einschlief, lief mir der Eiter in die Luft-
röhre und dann ging das Husten los. Meine Gattin litt auch
dabei. Am 24ten Januar fand die Hochzeit Clara's statt. Br[u-
der] Isenbügel aus Homberg bf: Ratingen hatte sie zur Gattin
erwählt. Am Tage darnach halfen wir ihr einpacken. Auf dem
Wege dorthin bekam meine liebe Frau einen heftigen Husten-
Anfall auf der Straße mit Blut spucken. Ich wollte mit ihr um-
kehren, aber sie bestand darauf: Clara zu helfen.

Ich wusste nun, was dies zu bedeuten hatte. Einige Zeit
nachher ward sie bettlägerig krank. Sie schleppte sich wo-
chenlang noch hin, ehe sie sich legen musste. Ostern feierte
Onkel Ferdinand Verlobung und seine Braut besuchte uns.
Die Mama machte sich noch stark u[nd] blieb auf, dann aber
war es doch bald vorbei und sie wurde bettlägerig, lag bis zu

den Pfingsttagen, wo es dann warm wurde. Sie wünschte: daß ich ihr das Fenster öffnete damit die warme Luft einströmen konnte. Diese wirkte so wohltuend auf sie ein, daß sie in eingen Tagen das Bett wieder verlassen konnte und den Sommer hindurch auch mit mir kleinere Spaziergänge machte. In dieser Zeit ließ sie sich nochmals photographieren. Onkel Edmund wünschte sich zu verehelichen, hatte aber noch keine Bekanntschaft. Br[uder] Scheffel in Lüdenscheid machte uns auf Hulda Geller aus Leichlingen aufmerksam, die in L. bei Frl. Ecklöh im Laden gewesen, aber wieder zu Hause sei. Dorthin ging sie eines Tages und machte deren Bekanntschaft und dadurch kam die Verlobung zu Stande und im Herbst die Heirath, im Nov[ember] 1883. Sie wohnte noch dessen Hochzeit bei im Versammlungssaal, wo Br[uder] Neviandt die Traurede hielt. Andern Tages aber mußte sich meine Gattin wieder zu Bett begeben. Die Hochzeit fand am 14/11. statt. Von dieser Zeit an verschlimmerte sich ihr Zustand. Jedoch ging ich soviel als möglich meinem Berufe daheim und auswärts nach, wie die Notizen aus den Tagebüchern ergeben. In diese Monate, bis zu ihrem Ende, fielen manche Begebenheiten, sowohl in der Familie wie im Beruf. Meine Frau las im Herbst 83 im Oelblatt von Baron von Gemmingen: daß die Mädchen-Anstalt Bethanan in Gernsbach für ein Mädchen eine Dienststelle suchte u[nd] bat irgend eine christliche Familie: um sich des Mädchens anzunehmen. Sie sagte mir dies u[nd] meinte, das wäre wohl für uns passend, weil wir ein solches bedürften. Ich sagte zu ihr: es würde wohl für sie eine schwierige Aufgabe sein, ein solches Mädchen im Zaum zu halten, da sich für uns durch ihre körperlichen Leiden vielleicht die Unmöglichkeit bald herausstellen würde, sie zu erziehen. Sie meinte jedoch, der Herr hätte ihr die Freudigkeit gegeben, es zu thun. Gut, ich schrieb hin u[nd] ließ sie auf unsere Kosten kommen. Die Vorsteherin, Lydia Günther, kannte mich und freute sich, daß wir sie nahmen. Es war eine kräftige, stattliche Person, diese

55

Ich bin der Weinstock, ihr seid die Reben.
Wer in mir bleibet und Ich in ihm, der bringt
viele Frucht.
Joh. 15, 5.

Helene Hummel, leistete meiner Frau auch gute Dienste als sie bettlägerig wurde. Sie trat am 1. November [18]83 bei uns ein.

In der Solinger Gemeinde stellten sich auch mancherlei Verwicklungen ein. Die beiden Ältesten, die man bei der Constituierung gewählt hatte, harmonierten nicht. Bruder Hartkopf erklärte seinen Rücktritt vom Dienst. Die Brüder waren auch alt und leidenden Zustandes. Bruder Mattert erklärte dies auch. Es fanden dann Neuwahlen statt, wogegen aber von Seiten Hartkopfs Einspruch erhoben wurde. Gewählt wurden Carl Mattert junior und Hermann Conejung. Letzterer war Stahlwarenfabrikant und stand in dem Rufe, entwendete Waren anzukaufen, was aber schwer hielt, zu beweisen. Wohl wurde Nachfrage gehalten. Behauptet wurde es, bewiesen nicht. Gegen C[arl] M[attert] j[unior] wurde das geltend gemacht, er sei noch zu jung dazu und gewissermaßen „ins Kraut geschossen". Dann wurde im Hinweis auf 1. Timotheus 3 beschlossen, eine 2-jährige Probezeit festzustellen, was auch das Ratsamste war.

In Wermelskirchen stellten sich ebenfalls um diese Zeit schwere Verwicklungen ein. Dort hatte man auf Bruder Webers Vorschlag einen Vorstand gewählt, aber es waren auch

145

keine harmonierenden Personen. Es gab Zänkereien, Partei-
ungen und schließlich Trennung. Der Bundesausschuß und
die Conferenz beschäftigten sich damit aber ohne Erfolg. Die
Trennung war unvermeidlich, denn es waren heterogene Ele-
mente in der Versammlung. Schon früher hatte einmal eine
Verschmelzung von 3 örtlich getrennten Gemeinschaften
stattgefunden unter dem Einfluß des Geistes und Wortes Gottes. Dadurch kamen aber einige Personen, die Nachbarn waren, aber gespanntes nachbarliches Verhältnis hatten, in eine
Versammlung. Dann wurde die Ursache besehen, Recht gesprochen nach Schrift und Gewissen, aber dann gab's Par-
teien und man trennte sich wieder. Dies war für mich eine
schwere Zeit. An wie mancher Sitzung mußte ich teilnehmen,
in denen sich die menschlichen Leidenschaften und Herzens-
härten sich zeigten und böse Wirkungen hervorriefen. Die
Versammlung spaltete sich also mehrmals dort. Doch die
letztere war die am meisten Ärgernis erregende, und die auch
nach Solingen hinüberspielte. Der ausscheidende Teil konnte
jedoch nicht mehr sein Bestehen finden. Die meisten sind bis
heute weggestorben und blieben isoliert.

Auch eine merkwürdige Erfahrung machte ich in dieser
Zeit. 2 Brüder, die beide Scherenschmiede waren, bekamen
Differenzen im Jahre [18]83. Der eine Wilh. Schmidt in Clauberg beschuldigte den anderen Abr[aham?] Schnittert, er sei
unlauter in seinem Beruf, er verarbeitete den Kaufleuten, die
Scheren bei ihm bestellten und dazu das zum Engrospreis be-
zogene Material dem Schmid lieferten, aber zum Detailpreise

anrechneten (was ihr Nutzen war, da sie am Schmieden keinen Gewinn hatten) sein eigenes, gekauftes Material, welches nicht zulässig sei. Ich hörte auch, daß Bruder Schmid dies den Ältesten gesagt habe, diese sich aber nicht darum kümmerten. Folglich entzog sich W. Schmidt vom Tisch des Herrn und der Versammlung. Da diese Spannung doch nicht so bleiben durfte, lud ich am 6. Mai diese Beiden und noch einige Brüder die auch Scherenschmiede waren, als Sachverständige zu einer Besprechung darüber ein, da ich selbst von den Gebräuchen in der Schmiederei nichts verstand. Br[uder] Schmittert sagte, das käme bei

56

**In der Welt habt ihr Angst, aber seid getrost,
ich habe die Welt überwunden.
Joh. 16, 33.**

allen Schmieden vor, daß, wenn des Kaufmanns gelieferter Stahl nicht ausreiche, der Schmied den fehlenden hinzu kaufte, um die Bestellung vollständig zu liefern. Darin läge kein Betrug. Die anderen Brüder sagten, das käme wohl dann und wann vor, darauf würde kein so großes Gewicht gelegt, da man es im Notfalle täte und von einem besonderen Nutzen bei einer oder einigen Stangen Stahl keine Rede sein könne. Br[uder] Schmidt schien als hierbei sehr zartfühlend zu sein, was bei Schmittert nicht der Fall war, er sagte, dies mache ihm keine Not und Gewissensunruhe. Schmidt aber sagte, er könne und dürfe es nicht, ihm sei es Gewissenssache, aber er wolle dann in Zukunft Schmittert nicht als Betrüger ansehen. Man verständigte sich, jedoch blieb bei Beiden doch wohl etwas sitzen, da diese Brüder sich nicht sympathisch waren.

Schmittert glaubte, ich hätte ihm etwas gewollt, daß ich die Besprechung veranlaßt hatte, doch konnte ich ihm die Versicherung geben, daß es mir darum zu tun war, diese Spannung beseitigt zu sehen. Er hatte seinen Austritt aus der Gemeinde erklärt, nahm diese aber dann wieder zurück.

Während der Krankheit meiner Frau kam diese auf den Gedanken, die Ältesten rufen zu lassen, damit nach Jakobi 5 über ihr gebetet würde. Dies geschah. Sie hegte auch die

56F

Hoffnung. Wie viel ich an einsamen Orten, im Keller, auf dem Speicher, draußen vor der Stadt gebetet um Erhaltung ihres Lebens, das weiß der Herr. Ich hatte eines Tages meine Kinder zusammen genommen, wir gingen alle auf die Knie und beteten, ich meinte, der Herr müßte die Kinder ansehen, sie hören und ihnen die Mutter lassen. Aber Gottes Gedanken und Wege sind himmelhoch über den unsrigen. Ich mußte mich mit dem Gedanken vertraut machen, daß der Herr sie heimholen würde, und sie selbst sah es auch bald ein, obgleich ihr der Gedanke um meinet- und der Kinder willen schwer war. Die Salbung durch die Gemeindeältesten hatte für sie eine aufmunternde Wirkung, und sie glaubte fest, die Krankheit würde weichen. Da aber gleich danach die Schwäche sich wieder einstellte (ein Rückschlag der Erregung) und sie mich bat, doch nochmals mit ihr zu beten, kam ich in innere Not. Der Grundton des Gebets war: „Herr, dein Wille geschehe! Du weißt unsere Wünsche. Du hast die Macht zu heilen. Aber nicht wie wir wollen, sondern wie du willst!" Sie fragte mich, Warum betest du nicht bestimmt um meine Genesung? Ich erwiderte: Ich kanns nicht. Der Herr will es nicht. Als das Leiden im Anzuge war, hatte ich das Gefühl: es kommt etwas, und ich betete damals: „Herr, es mag kommen, was will, mache mich eins mit deinem Willen!" Dies gab mir Ruhe, und dieser Wunsch macht mich immer wieder ruhig und stille, ich kann nicht anders. Sie: „Du

57

**Ich will ihre Traurigkeit in Freude verkehren, und ich
will sie trösten
und sie erfreuen nach ihrer Betrübnis.
Jer. 31, 13.**

drückst mich dadurch aber nieder, statt mich aufzurichten."
Seitdem mußte ich allein beten. Dann besuchten mich eines
Tages Br[üder] Neviandt und Bartels und sprachen mit ihr
herzliche Worte des Inhaltes, daß sie bald heimgehen dürfe
zum Heilande. Sie äußerte den Brüdern auch den Wunsch,
noch gerne hier zu bleiben, um dem Herrn hingebender als
bisher dienen zu können. Br[uder] Neviandt sagte ihr, daß sie
getan habe, was sie gekonnt, und wenn der Herr sie auch gesund machen würde, so würde ihr Wollen im besten Falle
doch Stückwerk bleiben. O, ich mußte ihm von Herzen zu-
stimmen. Als die Brüder wieder fort waren, fragte sie mich,
was sie alles gesagt hätten? Ich wiederholte ihr das Haupt-
sächlichste. Sie sagte, ihr Gedächtnis sei so schwach, daß sie
nichts mehr behalten könne. Da sie hörte, daß diese Brüder
an ihren baldigen Heimgang glaubten, sagte sie: glaubst du
das auch? Ich mußte es ihr bestätigen, da die Tatsachen zu
deutlich sprächen. Von da ab machte sie sich mit dem Gedanken ans Abscheiden vertraut.

Eines Tages rief sie mich ans Bett und sagte: Sie sähe
ein, daß es mit ihr zu Ende ginge, sie hätte einen Wunsch und
Bitte: Meine Aufgabe ist gelöst, die Deinige noch nicht, ich
kann dir und den Kindern nichts mehr sein. Du bedarfst der

Pflege, wenn du vom Beruf heim kommst, die Kinder ebenfalls, sowie der Erziehung. Die Letztere kannst du durch
deine Berufsreisen nicht nach Wunsch ausführen, es muß also
Ersatz an meine Stelle. Ich bin im Geist durch unsere Geschwisterkreise gereist, um dir eine Gattin und Mutter zu suchen und zu empfehlen, habe aber niemand finden können.
Versprich mir, daß du, wenn ich nicht mehr hier bin, bald eine
gute Mutter ins Haus einführst. Mir ward seltsam zu Muth,
ich bat sie, doch davon zu schweigen, ich fürchtete mich, daran zu denken. Ach, sagte sie, laß uns als Christen diese wich-
tige Sache besprechen, nicht als Menschen, nicht als Mann
und Frau. Der Tod löst schon diesen irdischen Bund. Ich sagte
ihr: Der Herr habe einst uns zusammengeführt, die Bitten damals und während unserem Eheleben so freundlich erhört, in
Seiner Hand ruhe auch unser ferneres Familien-Geschick.
Wir wollten aber ihm gemeinsam diese Sache und Sorge im
Gebet vortragen. Wir beteten also, erst ich, dann sie. Als dies
geschehen, sagte ich ihr: Liebe Aurelie, ich gebe dir das Ver-
sprechen, daß ich nichts tun will, aber wenn der Herr es tun
will und mir klare Winke gibt, wann und wo und wie ich handeln soll, dann will ich die Winke beachten und danach tun.
„Nun bin ich zufrieden, sagte sie, der Herr hat unsere Bitten
gehört, sie sind auch nach seinem Willen und er wird dich
leiten." Hiermit hatte sie dann auch mit dem Gedanken abge-
schlossen.

57F

Die Tage, die sie noch unter uns weilte, waren dem Umgang mit dem Herrn gewidmet, doch leidensvoll. Atemnot, Herzschwäche und Herzklopfen, furchtbare Nachschweiße (10-12 mal umkleiden) Durchfälle zehrten gewaltsam den letzten Tropfen Lebenskraft auf. Einmal sagte sie: Carl, die Schwäche ist so groß, ich fürchte Verstand und Vernunft geht auch noch fort, aber wenn auch Nacht meinen Geist umfangen sollte, laß dich das nicht stören, denn der Herr ist mein Licht und mein Heil, meine Gerechtigkeit und mein Friede. Mein Heil steht fest, und keine geistige Umnachtung kann es erschüttern. So, sagte ich, diese Sprache gefällt mir, das ist evangelisch, dem Herrn sei Dank, daß er unser Glaubensfundament ist. Das, was sie wegen der Schwäche befürchtete, trat nicht ein. Sie blieb geistlich und geistig klar bis zum letzten Atemzuge.

Als ich von Elberfeld Barmen kurz vorher, etwa 19. April, eine Einladung erhalten, am 27ten einer dortigen Versammlung eine Ansprache zu halten, ging ich zu Dr. Schröder, sagte

58
Wie fein und lieblich ist es,
wenn Brüder einträchtig bei einander wohnen.
Ps. 133, 1.

ihm dies und bat ihn, meine Frau zu sehen und mir dann zu sagen, ob ich dies wagen dürfe? Dies war 22.4. Folgenden Tag kam er, begrüßte sie, sprach einige Worte mit ihr, und als er ging, folgte ich ihm und er sagte mir dann: Sie können die Einladung nicht annehmen, sie wird wohl übermorgen ausgelitten haben, höchstens aber bis Sonntag. Dann ging er. Als ich zu ihr kam und sie des Doktors Urteil hörte, seufzte sie mit der schwachen Stimme auf, also übermorgen darf ich zum Heiland kommen? Dann singt mit mir: Halleluja, Gott zu loben! Wir taten es. Dann hatte sie alles genug. Ihren Herrn erwartend, lag sie da und sagte zeitweilig: Herr Jesu, komm! Am 23. war der Doktor da und er hatte recht gesagt. Am 25ten 10 ½ Uhr vormittags sagte sie die Worte: Herr Jesu, komm, eile! und bat mich, Ihn auch zur Eile zu bitten. Ich beruhigte sie, er sei unterwegs. Dann schellte die Haustürglocke. Geh schnell, da ist er! sagte sie. Ich ging zu öffnen, es war der Milchmann. Als ich ihr sagte, der Milchmann sei es, rief sie: Ach Milchmann, ich brauche doch keine Milch mehr! Sagte ich: nur noch einen Augenblick, Er ist doch bald hier und schellt auch nicht, Er geht durch verschlossene Türen. Dann deklamierte sie den Vers: Du kommst durch des Todes Türen, träumend führen und ... machst ... uns ... auf ... einmal ... frei! Dann war sie frei. Der Geist war der Hülle entbunden. Die entseelte Hülle lag noch da. Sie war fort. Es ist doch ein eigen Ding um das Abscheiden, um bei Christus zu sein. Noch eben gesprochen, nun vorbei – für dieses Leben. Aber, o welche Wonne! kein Sterben, nach Joh. 11,25 sondern Leben. Mag die menschliche Wissenschaft sich bemühen, die Schleier von dem Geheimnis zu lüften, dem Glauben sind sie hinweggezogen durch die offenbarende Hand des Sohnes Gottes!

Im Augenblick des Verscheidens trat Br[uder] Weber aus Haiger bei mir ein. Mit Schwester Pönitz hatte meine Frau Absprache über das Nötige getroffen. Diese sollte ich in dem Falle rufen lassen. Diese kam und besorgte mit den Mädchen die Waschung und Umkleidung und desgleichen. Welche gemischten Gefühle für den Gatten, der 17 glückliche, wenn auch durch leibliche Trübsal durchtränkte Jahre mit ihr verlebt hatte! Nun war der Mund verstummt, der oft herzinnig gebetet, ermuntert, getröstet, auch gesungen, gescherzt, gelacht und geküßt hatte. Sie war heim, und ich wünschte sie wahrlich nicht mehr zurück. Drei Tage nachher fand unter großer Beteiligung der Geschwisterkreise die Beerdigung statt.

Da der Kirchhof Kirchengut dort ist, kein Communalfriedhof, so mußten wir als Mitglieder der Freien Gemeinde sie ohne Sang und Klang, ohne Ansprache im Grabe beerdigen. Einige fremde Brüder wagten es jedoch, bei dem Einwerfen einiger Schaufeln Erde ins Grab einen Bibelspruch dabei zu sagen, worüber sie der Totengräber in roher und brutaler Weise anfuhr, welches sich auch später wiederholte bei

58F

Frau Lützenkirchen. Die Antwort darauf waren einige 30 Austrittserklärungen aus dem Kirchen-Verband. Meine Absicht in Bezug aufs häusliche Leben war nun die: vorläufig, so lange es ging, mit unserem Dienstmädchen ruhig weiter zu wirtschaften. Dies ging eine Zeitlang. Eines Sonntags Abends besuchte mich Siebert Schlieper (Solingen) und teilte mir mit, daß meine Magd, Helene Hummel, mit einem Schreinergesellen meines Nachbars, Herr Kirschner, ein Liebesverhältnis habe und von diesem schwanger sei. Auf meine Frage: woher er dies wisse? erklärte er: meine Magd sei in Aufregung zu ihm gekommen und habe es ihm mitgeteilt, weil sie ihren Bräutigam mit seiner (Schliepers) Magd habe spazieren gehen gesehen. Dies betrübte mich sehr. Auch hörte ich, daß der junge Mann Solingen verlassen und das Mädchen wollte sitzen lassen in ihrem Elend. Unter diesen Umständen konnte ich sie nicht behalten. Doch mußte ich erst ruhig überlegen, was zu tun sei, und bat den Herrn um Ruhe und seinen Beistand. Dann ging ich anderen Morgens zu seinem Meister und teilte diesem das von Schlieper Gehörte mit. Der Mann staunt, sagte dann, das sei die Dritte. Mit Pastor Schürmanns Magd

59

Alles sein Thun ist Wahrheit und seine Wege sind recht.
Dan. 4, 34.

habe er auch ein Liebesverhältnis. Ich bat Herrn Kirschner, mir den jungen Mann herüber zu schicken, damit ich selbst mit ihm reden könnte. Dies geschah, er kam und ich stellte ihm in freundlicher Weise seine Pflicht vor, sagte ihm auch, ich hätte gehört, er wollte Solingen und Helene verlassen, ich müßte ihn als Diener des Wortes Gottes auf den Ernst und die Folgen aufmerksam machen. Nach Maleachi 2,16 hefte er dann einen Frevel an sein Gewand, eine schwere Sünde lade er dann noch besonders auf sich. Dieser Vorhalt machte Eindruck auf ihn. Er versprach mir: an seinen Vater schreiben zu wollen und um seine Zustimmung zu bitten. Es würde aber schwer werden, sie zu erhalten, denn er sei streng katholisch und würde so leicht nicht zugeben, dass er ein protestantisches Mädchen heirate. Ich sagte ihm, darüber sei er im Irrtum, Helene sei auch katholisch. Dieses war ihm unbekannt, freute sich dann, dieses zu hören. Er schrieb. Der Vater gab seine Zustimmung, und er heiratete sie bald. Somit war durch Gottes Gnade auch diese Verlegenheit für mich beseitigt.

Durch Br[uder] W. Weber wurde mir im Monat August eine Haushälterin aus Herborn empfohlen, die ich auch annahm, jedoch bald überzeugt war, daß sie nicht die geeignete Person war. Ich schrieb vorher schon an die Vorsteherin Lydia Günter in Gernsbach, als Helene Hummels Verhältnis mir klar geworden, wie die Sachen stünden, und fragte an: ob sie

59F

nicht eine geeignete Schwester wisse, die mein Hauswesen
verwalten und die Kinder erziehen könne? Worauf sie mich
auf ihre beigeordnete Schwester Kath[arina] Throm hinwies,
da diese frei würde, weil die Anstalt das Vor-Asyl im Haupt-
Asyl aufgeben müsse, sie sei alt und müsse die Arbeit aufgeben. Dies veranlaßte mich, an diese Schwester zu schreiben
und dieserhalb anzufragen, ob sie geneigt sei, mein Hauswesen zu leiten? Herr Baron von Gemmingen, der Gründer dieser Anstalten, glaubte jedoch, daß nach dem Rücktritt der Lydia Günter diese Schwester Katharina Throm die Anstalt leiten könne und solle. Dieser Gedanke hatte die Schwester ins
Gebet getrieben, jedoch ließ er sich nicht so leicht ausführen.
Es lagen pekuniäre Schwierigkeiten im Wege. Lydia G[ün-
ter] bezog eine Pension. Diese hatte sie in dem Haushalt der
Anstalt mit verwendet. Ging sie fort, so mußte sie diese selbst
gebrauchen, und die Kath[arina] hatte nicht derartige Mittel
zur Verfügung. Auch waren die geistlichen Sympathien derzeit für diese Arbeit geringer als heute nach 23 Jahren. Da die
Schwester jedoch gedrängt ward, so schrieb sie mir, daß sie
vor der Hand mir nicht zusagen könne. Doch wollten wir es
in Gottes Hand legen. Das taten wir auch. Da aber die Sache
drängte, so schlug mir Br[uder] Weber in Haiger eine Person
aus Herborn als Haushälterin vor, die ich auch annahm in
Mitte August [18]84. Jedoch sah ich bald ein, daß sie für die
Kinder keine Erzieherin war, auch sich mit unerfüllbaren
Hoffnungen trug. Am 9ten September mußte ich eine Berufsreise nach dem Hunsrück antreten. In Bonn unterbrach ich die

Tour, besuchte Geschwister Pape. Die Frau fragte mich: wer mir den Haushalt besorgte? Ich teilte ihr die Umstände mit, ließ sie auch den Brief von Schw[ester] Katharina lesen, dann sagte sie: Bruder Bender, diese Schwester soll nicht und darf nicht Haushälterin bei Ihnen sein, das ist die Mutter Ihrer Kinder! Diese Worte erschreckten mich zunächst, doch sie bestand darauf und brachte mich zum Nachdenken. Nochmals schrieb ich an Lydia Günter, teilte ihr mit, daß mir dieser Gedanke nahe gelegt worden sei und bat sie um ihre Meinung. Ich hielt diese alte ergraute Diakonissin nach 1. Tim. 5,8 u[nd] 10 und Titus 2,3 als Ratgeberin in solcher wichtigen Sache geeignet. Ihre Antwort lautete: „Wenn es der Herr Ihnen ins Herz gelegt, dann greifen sie zu, eine bessere Mutter finden sie so leicht nicht", und dergl. mehr. Diese Korrespondenz besitze ich noch und blieb mir stets ein Beweis göttlicher Führung.

60

Zürnet und sündiget nicht, lasset die Sonne nicht über euren Zorn untergehen.
Eph. 4, 26.

Am Sonntag den 13ten September fuhr ich nach Simmern zu Br[uder] Krausch und fand dort Antwort vor von Lydia und Katharina. Am Montag teilte ich der letzteren mit: daß Ende September zu der Jahresversammlung bei Br[uder] Wihswähser ich reisen würde und gedächte sie dann mündlich zu sprechen. Während des Schreibens kam aber das Herz in's Spiel, eine Sehnsucht und Liebeszug zu ihr, daß ich den Ton ändern und ihr schriftlich meine Liebe erklären mußte und um ihr Jawort bat. Br[uder] Krausch war darüber verwundert, doch glaubte auch er, daß dies richtig sei, obwohl wir uns ja sonst fremd und unbekannt waren von Angesicht. Im Laufe der Woche besuchte ich verschiedene Orte des Hunsrück, Unzenburg, dann zurück nach Simmern zur Taufe mehrerer Brüder, Budenbach, Riegenroth, Budenhard und 20 km nach St. Goar. Dort war inzwischen an Br[uder] Engelhard Brief von Adelsheim eingetroffen, der über unser Los entschied. Es war das Jawort. Sonntags fand in St. Goar größere Versammlung statt. In der Nacht auf Montag reiste ich nach Mannheim ab, traf morgens dort ein und begrüßte zum 1ten Male meine 2te Braut und zukünftige Gattin. Es war eine glückliche Begegnung im Vereinshause dort, in der Wohnung ihrer Schwester Caroline. Dienstags reiste ich nach Gernsbach zu Baron von Gemmingen, welcher gerührt war über die göttliche Führung und mir dazu gratulierte. Abends war Versammlung im Badischen Hof, [ich] blieb auch Mittwochs noch, hielt mit Br[uder] Wilms Versammlung, und reiste anderen Tags nach Adelsheim zu den Eltern der Braut und blieb dort bis Samstag den 27. September, reiste dann nochmals nach Mannheim zu der Jahresversammlung, die sehr zahlreich besucht war. Dann nach Mainz und Weißensee zu Jakob Junker und Heinrich Schürmann, Leiter der Zement-Fabrik, hielt abends Versammlung, fuhr dann nach Vilbel zu den Schwiegereltern des Schwagers Ferdinand Kayser, dann nochmals nach Mannheim zur Hochzeit der Adolph Wihswähser und Freitag, den 3.10. nach St. Goar und Solingen. Dort blieb ich dann bis zum Samstag den 11.10., reiste über Neuwied nach Dierdorf und Laubach zu einer großen Versammlung, fuhr nachts nach Neuwied und weiter nach Saarbrücken, wo ich mit der Braut bei der Schwester Johanna zusammentraf, weilte doch bis Dienstag und fuhr mit ihr weiter nach Eckweiler, Sobernheim, St. Goar, Neuwied, Bonn, und dann nach Solingen. Dort trafen wir Samstags gegen Abend ein, von allen 6 Kindern am Bahnhof empfangen, die hoffnungs- und liebevoll sich gegenseitig (Mutter und Kinder) begrüßten. Die Solinger Gemeinde hatte keine Ahnung von dem neuen Verhältnis, nur meinen ältesten Schwager Ernst Kayser hatte ich eingeweiht und gebeten, es noch diskret zu halten, welches er auch tat.

Anderen Vormittag erschien eine den Frauen und Jungfrauen unbekannte Person in der Gemeinde Versammlung.

60F

Manche fragten sich im Stillen: wer mag das sein? Am Schluß bat ich die Geschwister, noch einen Augenblick zu verweilen, ich hätte ihnen eine Mitteilung zu machen. Ich bat dann die Schw[ester] Kath[arina] Throm zu mir zu kommen an den Tisch und stellte der Gemeinde meine Braut und baldige Gattin nun vor und gab einige Mitteilungen über des Herrn Führung. Dies übte eine merkwürdige Wirkung aus. Sie verneigte sich und begrüßte ehrerbietig die Gemeinde, dann Verwunderung, Jubel und Begrüßung der Geschwister. Diese offizielle Vorstellung war für alle eine Überraschung, aber gefiel ihnen allen. Dann blieb sie vom 19ten Oktober bis zum 5ten November bei uns, wohnte bei Familie Ernst Lauk, wir machten gemeinsame Besuche, bei den Verwandten, sowie gläubigen Geschwistern, sie feierte das Liebesmahl am 2.11. mit, und am 5ten geleitete ich sie zur Bahn nach St. Johann in Cöln, da sie die Zeit bei ihrer Schwester noch zubringen wollte. Am 8.11. reiste dann die Haushälterin wieder nach Herborn ab.

61

Heilig, heilig, heilig ist der Herr Zebaoth;
alle Lande sind seiner Ehre voll.
Jes. 6, 3.

Dann reiste auch ich im Auftrag des Ausschusses nach Lüdenscheid wegen der Lehren des Bruder Samanns, Heinhaus, die behauptet hatten, daß, wer Tabak rauche, vom Teufel besessen sei, und nun demgemäß auch handelten, Gebetsstunden abhielten und Exorcismus (Teufelsaustreibung) in Szene setzten. Dies brachte die Gemüter in hochgradige seelische und körperliche Aufregung. Ich ließ mir in Lüdenscheid bf [?] Br[uder] Plate und Scheffel von den Brüdern die Vorgänge in Lüdenscheid und Werkshagen erzählen, nahm die zu Protokoll, ließ die Anwesenden dies unterschreiben und sandte es an den Bundespräses, Br[uder] Neviandt. Br[uder] Samann wurde zu einer Extra-Ausschußsitzung eingeladen, er erschien aber nicht und schrieb ab. Er gab an, daß er in Merscheid & Solingen seine Aufgabe zu lösen habe, die er darin sah, daß der epileptische Sohn der Schwester Hausberg von diesem Leiden befreit werde. Diese Angelegenheit werde ich in einem besonderen Kapitel behandeln, da die Erfahrungen, die wir damals machten, und in Solingen der Irrtum als solcher offenbar wurde. Es war für uns eine aufgeregte Zeit und Geschichte, und ich war froh, daß sie sich klärte, während meine Braut in St. Johann weilte.

61F

Da mich der Beruf und die damit verbundenen Reisen sehr in Anspruch nahmen, die Kinder folgedessen allein lassen mußte, so zwang die Not dazu, die Braut Anfang Dezember wieder zu holen und die Eheschließung zu bewerkstelligen, welches am 3ten Weihnachtstage [1884] dann geschah. Br[uder] Neviandt war so freundlich, herüber zu kommen und die Trauansprache zu halten. Die Gemeinde nahm an der Hochzeit teil. Das ereignißte Jahr 1884 brachte mir und den Kindern am Schluß die neue Mutter ins Haus. Unter ihrer Leitung des Hauswesens sowohl wie auch in dem Dienst, den sie der Gemeinde leistete, lebten wir alle auf. Sie nahm sich des Hauswesens, der Erziehung der Kinder, des Frauenvereins mit vieler Liebe an. Die Vereinsstunden waren durch die Krankheit der 1ten Gattin und nach ihrem Tode in Rückgang geraten. Die 2te Gattin brachte sie wieder vorwärts. Durch ihren Fleiß und sparsames Haushalten kam auch die Familie wieder zu neuer Kraft. Der älteste Sohn Hermann besuchte auf Wunsch der verstorbenen Mutter und der Brüder Kayser vom 10ten Jahr ab das Pro-Gymnasium und machte gute Fortschritte, machte dann die Schule auch ganz durch, Sexta und Quinta in einem Jahre mit vierteljähriger Nachhilfe in Latein. Die Onkeln halfen uns dabei mit Geldunterstützung. Carl besuchte sie bis zur Tertia. Das Erlernen der fremden Sprachen machte ihm vielfache Kopfschmerzen, ebenso auch dem 3. Sohn Theophil. Damals war die Schule noch nicht in Real- u[nd] Pro-Gymnasium geteilt. Theophil ging nur ein Jahr, und da ihm das Latein große Schwierigkeiten machte, mußten wir ihn wieder in die Volksschule senden, da er mehr praktisch veranlagt war. Diese Jahre waren dann auch doch kostspielige Jahre doch wir kamen hindurch, freilich nicht ohne Schulden. Auch diesen Druck habe ich oft schwer empfunden. Hermann verließ 1886 die Schule und trat bei Br[uder] Pickhard in Gummersbach als Lehrling ein. Die Berufsfrage brachte uns auch ins Gebet, und er Herr fügte es, daß Br[uder] Pickhard mich vorher fragte: was Hermann werden wolle und solle? Ich erwiderte: wir hätten den Herrn gebeten um Seinen Rat und Beistand. Er bot mir dann an, ihn als Lehrling nehmen zu wollen und auch ihn zu beköstigen, ich sollte nur für Kleidung sorgen. Dankbar nahmen wir dieses Anerbieten an, und Hermann reiste vorher noch im Winter hin um sich vorzustellen und dann zurück mit der Meldung, daß er dort zu Ostern eintreten würde. Carl verließ auch die Schule und trat bei Br[uder] Becker, Anstreichermeister in Mühlheim am Rhein in die Lehre, unter denselben Bedingungen, jedoch 4 Jahre Lehrzeit. Meine Schwiegerin, Johanna Throm, Kleinkinderlehrerin in St. Johann, Saar, hatte nach unserer Verheiratung unsre Aurelie mitgenommen, um uns in etwa eine Erleichterung zu verschaffen. Sie war damals 12½ Jahre alt und blieb bis 17tes Jahr dort, kehrte dann wieder ins Elternhaus zurück.

62
Der Herr ist nahe allen, die ihn anrufen, allen, die ihn mit Ernst anrufen.
Ps. 145, 18.

Im Herbst 1886, als die provisorische Anstellung der stellvertretenden Ältesten C. Mattert jun. und Hermann Conejung von 2 Jahren eine Neuwahl, respektive definitive Anstellung veranlaßte, fand die Gemeinde es richtiger, von der definitiven Anstellung der beiden Brüder abzusehen und C. Bender als ihren Ältesten zu wählen. Dieses geschah 29.8. und 28.9.[18]86. Am 27.10.1885 hatte die Gemeinde beschlossen, ein Taufbassain im Saal zu bauen. Dagegen erhoben sich Bedenken und es unterblieb einstweilen. Nach meiner Wahl aber tauchte die Frage auf, wird Bender den Beschluß ausführen? Da es Bedürfnis war, weil die Taufbewerber sich nach Barmen zum Baptisten-Lokal sich bemühen mußten, so führte ich den Beschluß aus und gab Christian Dick den Auftrag dazu, welcher an den großen Saal hinten einen Anbau mit Bassain machte. Somit war dem Beschluß Rechnung getragen, und das Geld dazu wurde einstweilen geliehen, und die Gemüter waren beruhigt. Es ist dann auch stark benutzt worden, auch von auswärts wohnenden Gläubigen.

Als Gemeinde-Aeltester habe ich bis zum Herbst 1894 gedient unter mancherlei freudigen, aber auch tief schmerzlichen Erfahrungen. Familienzwistigkeiten einzelner Glieder untereinander, die erregte Sitzungen veranlaßten und zu

Ausscheidungen führten, Verfassungsstreitigkeiten, Sünden-
fälle die Ausschlüsse notwendig machten und dergleichen
mehr. Dazu auch Unzufriedenheit, daß ich noch neben dem
Gemeindedienst die Bundesgemeinden mit besuchte, was ja
auch noch meine Aufgabe war, machten es mir schwierig.

Im Jahre 1892, gelegentlich der Bundeskonferenz in
Solingen, zeigten sich bei mir Spuren von Lähmung des linken Armes und der Hand. Gleichzeitig erkrankte ich an Bla-
sen-Entzündung, dann Rippenfellentzündung, die mich von
Juli bis September und in den Oktober hinein an's Bett und
in's Haus fesselten. Die Krankheit nahm sehr ernsten Charakter an, doch der Herr erhörte unsere Gebete. Eines Tages bat
ich inständig den Herrn um Aufschluß, ob ich mich zum Abscheiden bereit halten müsse, oder ob er mich genesen lassen
würde? Die Psalmstelle „Ich werde nicht sterben, sondern leben und des Herrn Werke verkündigen" Psalm 118,17 wurde
mir durch den Geist des Herrn zum erfassen gegeben und ich
erfaßte sie auch für mich. Ich genas wieder. Der große Zweck
aber stand mir immer wieder vor Augen: „des Herrn Werke
verkündigen", Christum predigen, nicht das Christentum
oder die Christen, wie ich es oft wahrnehmen mußte. Denn
wenn der Heiland und sein Werk fleißig den Menschen ver-
kündigt wird, dann giebt's Christentum und Christen. Der
Geist Gottes macht es.

Im Jahre 1890 durfte ich in Solingen das 25jährige
Dienstjubiläum feiern. Die Brüder hatten es im stillen arran-
giert in einem größeren Wirtssaal und dazu den

62F

Bundesvorsteher Br[uder] Neviandt und den Bundeskassierer Br[uder] Zinn eingeladen. Sowohl vom Bunde, als auch von der Gemeinde Solingen und auch sonst von auswärtigen Brüdern wurden uns herzliche Segenswünsche und Geldspenden zu Teil, die uns sehr zu Statten kamen, und unsere Herzen zu insbrünstigem Dank gegen den Herrn stimmten. Unsere Söhne Hermann und Carl hatten ihre Lehrzeit dann beendet. Hermann hatte in Wipperfürth eine Stelle als Commis angenommen, wo er bis zum Herbst 1891 blieb.

Im Jahre 1886, als die Solinger Gemeinde mich zu ihrem Aeltesten wählte, erhoben sich Bedenken von einzelnen Personen dagegen, weil ich zur Zeit noch keine gläubigen Kinder hätte, dies aber nach Titus 1,5 u[nd] 6 von Paulus gefordert worden sei. Die Lutherische Übersetzung dieser Stelle lautet allerdings „gläubige Kinder". Der Sinn des griechischen Wortes an dieser Stelle (πιστά = pista) heißt hier so viel als treu, zuverlässig, glaubwürdig, und der Nachsatz bestätigt dieses, die nicht berüchtig sind, daß sie Schwelger und ungehorsam sind. Dächsel meint in seinem Bibelwerk: „die nicht mehr Heiden oder Juden sind", also Christen. Dieses Letztere setzte dann wieder Gläubigsein an den Herrn Jesum voraus. Nun, dieser Einspruch machte mich bedenklich, da solcher auch scheinbar berechtigt war. Ich hatte wohl treue und gehorsame Kinder, aber bis dato hatte noch keines persönliche Heilserfahrung und Heilsgewißheit. Daß uns Eltern dieses oft ins Gebet trieb, war Tatsache, aber nun besonders. Da erhörte der Herr unsere Bitten. Zuerst kam unsere älteste Tochter

62F

Maria zum lebendigen Glauben an den Heiland, danach Hermann, Aurelie und Theophil, also 4. Maria ward 1887 am 1ten Ostertage in Barmen von Br[uder] Neviandt getauft. Unser Taufbassain in Solingen war noch nicht fertig. Die anderen 3 mit noch 7 anderen am Pfingstmorgen von mir in Solingen. Diese waren die ersten, die im Versammlungshause getauft wurden.

63

**Seine Gnade und Wahrheit waltet über uns
in Ewigkeit. Halleluja!**
Ps. 117, 2.

Da hatte der Herr ein entscheidendes Wort drein geredet und die Einrede war damit verstummt. Carl und Elisabeth
kamen später auch hinzu und zuletzt unser jüngster Sohn Johannes, dies einzige Kind aus zweiter Ehe, welches uns der
Herr im September (26.) 1885 schenkte. Durch einen Unfall,
den meine schwangere Gattin erlitten hatte (Verheben) trat
die Geburt früher ein, aber das Kind entwickelte sich geistig
und leiblich zum kräftigen Buben und Jüngling.

Theophil ging nach beendigter Schulzeit zu einem
gläubigen Bäckermeister in die Lehre Ostern 1888, konnte
aber bei dem Beruf nicht bleiben, da sich ein trockener Husten mit leichtem Blutspucken einstellte. Ich dieserhalb mit
ihm zum Arzt und ließ ihn untersuchen. Dieser erklärte, daß
die Lunge gesund sei, aber daß er das Bäckerhandwerk aufgeben müsse, daß die trockene Backofenluft und der Mehl-
staub den Hustenreiz verursachten, was zuweilen kleine Blut-
gefäße ins Blutspeien brächte. Ich ließ mir das schriftlich geben, ging dann zum Meister, legte ihm das Attest vor und er
entließ ihn. Er erwählte dann, wie Carl, den Anstreicherberuf,
ging zu einem gläubigen Anstreichermeister in die Lehre in
Solingen und war Sonntags im Elternhause. Hier war er bei
Adolf Wehr 3 Jahre, bei dem Bäckermeister ¾ Jahre. Beide,
Carl und Theophil, haben dasselbe gründlich erlernt, gingen

63F

als Gesellen in andere Städte, nach Lüdenscheid, nach Siegen, nach St. Johann. In letzterer Stadt besuchten sie eine Fachschule, machten ihr Examen als Dekorationsmaler und fingen später in Mülheim am Rhein gemeinschaftlich als Meister ein eigenes Geschäft an und verheirateten sich. Zuerst heiratete Theophil im September 1900 mit Elise Seybold aus Scheffling, Baden, die er in unserem Hause als Pensionärin, dann bei ihrer Tante Frau Merz in St. Johann kennen gelernt hatte. Carl heiratete ein Mädchen namens Minna Klein aus St. Johann, eine Metzgerstochter, die ebenfalls von Mai bis November 1894 bei uns Pensionärin war. (Beide waren gläubige Mädchen), dann nach Hause ging, weil wir von Solingen nach Schalksmühle verzogen. Carls Hochzeit fand in St. Johann statt bei den Eltern der Braut 9ten Mai 1901. Die des Theophil in Schalksmühle.

Ich muß nun wieder zurückgehen bis zum Jahre 1888. Wie früher erwähnt hatte mich der Bund der freien Gemeinden im Jahr 1879 in seinen Dienst berufen, um die Gemeinden zu besuchen laut seinen Instruktionen und unter Zustimmung der Solinger Gemeinde.

Meine vielfache Abwesenheit ließ nun eine regelmäßige Bedienung der Solinger Gemeinde nicht mehr so zu, wie das früher der Fall war, als ich noch Bote des Brüdervereins und für Solingen angestellt war. Zwar mußte ich in dessen Auftrag auch öfter andere Arbeitsfelder besuchen, aber doch nicht so häufig, wie nun. Es bestand auch ein Compromiß zwischen Bund und Gemeinde, aber das Verhältnis genügte

63F

manchen Mitgliedern nicht mehr und sannen auf Änderung. Wären diese Brüder nun offen mit ihren Wünschen hervorgetreten, wäre in der Folge manches Unangenehme vermieden worden. So z. B. wurden manche Parteisitzungen in Privatwohnungen gehalten. Die noch der Gemeinde von früher her zugehörigen Abendmahlsgenossen sollten auf das Betreiben baptistisch gesinnter und bei den Baptisten gewesener Brüder durch Generalversammlungsbeschluß ausgeschieden werden, welchem Ansinnen ich mich widersetzen mußte. Da die Liebe sowohl wie die Gerechtigkeit dadurch verletzt worden wäre. Dies rief dann ihren Zorn wach, und er kam dann in späteren Gemeinde-Sitzungen zum Ausbruch, wo mich Schnittert einen Aufrührer und Parteiführer einer rebellierenden Minorität schalt, u[nd] a[anderes] m[ehr]. Er schied dann aus. Dann schrieb Gust. Backhaus auf Betreiben Carl Matterts am 4.7.[18]88 einen Brief an Br[uder] Leopold Bender in Cöln, worin er im Namen der Gemeinde anfragte, ob er geneigt sei, einen Ruf als Prediger und Leiter der Gemeinde anzunehmen und unter welchen Ansprüchen. Sie wünschten eine eigene Kraft. Die bisherige Verwaltung war ihnen zu mangelhaft besorgt worden. Br[uder] Bender ging nicht darauf ein. Die Sache ruhte bis zum Jahre 1892, wo ein Streit zwischen den beiden Familien Mattert ausbrach, der dann manches ans Licht brachte, auch den Brief, welchen ich noch besitze. Es waren aufregende Sitzungen. Im Sommer erkrankte ich bis zum Herbst und konnte dann nicht weiter

mehr mich damit beschäftigen. Mir war klar: in der Doppel-
arbeit genügte ich

64
Wir haben einen Gott, der da hilft, und einen Herrn, Herrn, der vom Tode errettet.
Ps. 68, 21.

nicht mehr, und mich vom Bunde loslösen und nur der Solinger Gemeinde dienen, dazu fehlte mir die göttliche Weisung und Freudigkeit. Im Jahr [18]93 beschäftigten mich manche andere Familienstreitigkeiten, z[um] Theil hervorgerufen durch Ausschlüsse wegen Unsittlichkeit und Anklagen derselben Art wieder gegen andere Mitglieder. Ein ungeistlicher Zustand hatte sich vielfach gezeigt. Mußten wir doch zu einer kurzen Zeit 6 Personen dieserhalb ausschließen.

Im Frühjahr 1894 stellte mir der Vorstand den Antrag, die Arbeit im Bunde aufzugeben und nur der Solinger Gemeinde zu dienen. Dies konnte ich aus inneren und äußeren Gründen nicht. Es fiel der Gemeinde schwer, den teilweisen Gehalt aufzubringen. Man sagte mir zwar, das Geld sei das wenigste. Nach einem Brief von Br[uder] Neviandt an Br[uder] Schiffbauer, geschrieben am 20.3.1894, geht aber klar hervor, daß die Gemeinde wünschte, der Bund möge mehr als 200 Mk. beisteuern, daß das Gehalt also doch ins Gewicht fiel. Auf Grund schmerzlicher Äußerungen habe ich die Gemeinde von der Gehaltszahlung entbunden, und es der Freiwilligkeit überlassen. Br[uder] Neviandt wünschte Aufschluß darüber, den ich ihm auch gab. Dann trat die Sache in ein anderes Stadium. Am 22ten April gab ich in der Sitzung der Gemeinde die Erklärung ab, daß ich im November meinen

Dienst an der Gemeinde abgäbe und Solingen verlassen würde. Der Bundes-Ausschuß wünschte nicht, daß ich die Bundes-Arbeit niederlegte. Hierzu hätte ich auch keine innere Ruhe und Freudigkeit. Ich wollte ihnen aber gerne behülflich sein, eine eigene Kraft zu gewinnen, was dann auch geschah, denn ich schlug ihnen Br[uder] Friedrich Franz vor, den ich in St. Johann kennen gelernt hatte, welcher in der Anstalt St. Chrischona gewesen, dann in der Pfalz von einem kirchlichen Verein als Evangelist Anstellung gefunden, dann aber wegen seiner Teilnahme am Brod Brechen in der St. Johanner Gemeinschaft seine Arbeit in der Pfalz aufgeben mußte. Die Solinger Gemeinde ließ ihn dann kommen und nahm ihn an. Er war dazumal noch ledig. Somit war dann die Angelegenheit erledigt.

Unser Hermann verließ im Herbst 1891 seine Stelle als Commis in Wipperfürth, einmal deshalb, weil die Söhne des Prinzipals vom Militär zurückkamen und wieder in Vaters Geschäft eintraten, Hermann dadurch überzählig wurde; zum andern, weil er selbst als einjährig Freiwilliger seiner Militärpflicht genügen wollte, und hatte die Absicht, dies in St. Johann zu tun. Mit dem Oberst des Regiments war bereits Rücksprache genommen worden und Hermann aufgefordert, sich dort zu stellen. Wir reisten also beide dorthin. Nach der ersten Untersuchung durch den Stabsarzt erhielt er die Weisung, am anderen Tage wiederzukommen. Bei der 2ten Untersuchung war noch ein Arzt zugegen. Beide untersuchten ihn dann, und das Resultat war, daß er frei vom Militärdienst wurde. Warum, das erfuhren wir an dem Tage nicht, wahrscheinlich lag ein Herzfehler zu Grunde. Der Arzt fragte: ob er gelaufen oder sehr schnell gegangen sei? Er sagte: Nein, er sei mit der Ordonnanz im gewöhnlichen Schritt gegangen. Das Herz hatte wohl abnorm gejagt. Genug, er ward davon befreit. Da er zu Hause aber schwerlich eine Stelle finden konnte, wir die Sache auch in des Herrn Hand gelegt hatten (Mutter hatte bei der Abreise gesagt: Du wirst frei, ich habe darum gebetet) und der Frau Merz ihr Schuhgeschäft in Bedrängnis war, denn es gab viele Ausstände und die Lieferanten drängten, da riet ich ihm, weil die Frau uns ihren Kummer klagte, dort zu bleiben und das Geschäft zu ordnen, welches er auch tat. Es lag sehr im Argen, doch trieb er viel säumige Kunden zur Zahlung und befriedigte nun die Lieferanten. Der Winter ging dabei herum. Inzwischen hatten die Brüder Ernst und Georg Jäger in Lüdenscheid sich von ihrem Socius Fischer getrennt und beabsichtigten in Schalksmühle eine Fabrik für elektrische Bedarfs-Artikel zu errichten, suchten dann eine junge, ledige, kaufmännisch versierte Kraft. Bei einer Ausschußsitzung des Bundes-Ausschusses fragte Ernst Jäger: Wo ist dein Sohn Hermann? Ich sagte ihm: in St. Johann, bringt einer Witwe ihr Geschäft in Ordnung. Dann sagte er mir: er habe an

65
Einer trage des anderen Last,
so werdet ihr das Gesetz Christi erfüllen.
Gal. 6, 2.

Hermann gedacht, der wäre wohl der geeignete Mann. Ich schrieb dann an ihn, er kam, reiste dann nach Schalksmühle und Lüdenscheid und das Engagement wurde perfekt. Hermann trat im Frühjahr 1892 dort ein und entwickelte in dieser Stellung als kaufmännischer Leiter eine große Leistungsfähigkeit. Er machte Reisen in fremde Länder, nach Kunden in England, Frankreich, der Schweiz usw. Mit wenigen Arbeitern fingen sie an, und als er nach 7 Jahren austrat, um selbständig zu werden, arbeiteten 250 Mann (rsp. Personen) in der Fabrik. Für uns war sein Freiwerden vom Militär auch eine große Wohltat. Ich wurde im Juni krank. Aurelie, die bei Firma Böhmer in Altendorf eine Schuh-Filiale bediente, konnte wegen Sonntags-Verkauf gewissenshalber nicht bleiben, wir kündigten, denn ich war bei dem Engagement getäuscht worden, man hatte mir gesagt, Sonntagsruhe würde eingeführt, was aber nicht der Fall war. So verzichteten wir auf die Stelle und kündigten wieder. Sie kam heim. Bei Frau Merz hatte sie sich in das Schuhgeschäft eingelebt. Hermann hatte nun längere Zeit den Wunsch, da er im Gasthause aß und wohnte bei fremden Leuten: „könntest du mit den Eltern zusammen wohnen." 2 Jahre hatte er so zugebracht in Schalksmühle. Da schrieb ich ihm nach meiner Kündigung daß ich [im] Herbst Solingen verlassen würde. Das war ihm eine freudige Nachricht, die er mit dem Wort beantwortete:

65F

Gott sei Dank, meine Gebete sind erhört, nun bekomme ich mein Elternhaus wieder! Br[uder] Ernst Jäger bot uns in seinem Haus eine Wohnung an, die wir mit Dank annahmen. Die Fabrik sollte erweitert und ein Flügel ausgebaut werden, in diesen Flügel sollte dann eine bei Jägers wohnende Familie einziehen, womit diese auch einverstanden war, und wir dann deren Wohnung einnehmen.

Am 19. Mai Pfingsten kam Hermann nach Solingen, um mit uns die Familienangelegenheit zu besprechen. Bordfeld, der als Hausierer in Schalksmühle war und mit Campmann gesprochen, hatte dann Br[uder] Schiffbauer zugeraunt: in Schalksmühle hätte ich eine Familie ausgemietet. Diese müßte jetzt weichen, es ginge da, wie geschrieben steht: „Freund, rücke herunter, ein Vornehmerer ist gekommen." Schiffbauer fragte mich nun darum. Hermann war in der Versammlung. Ich rief ihn, ließ ihm von Schiffbauer Bordfelds Rede wiederholen, worüber Hermann entrüstet wurde und ihm die Sache klarlegte. Da Campmann nun solche Beschwerde führte, galt es, auf die Wohnung im Jägerschen Hause zu verzichten und [ich] beauftragte Hermann, dem Br[uder] Jäger für sein freundliches Anbieten zu danken, aber um dieses Geredes und meines Berufes willen müßte ich darauf verzichten. Br[uder] Jäger war betrübt über diese Schwätzerei und machte Campmann ernste Vorstellungen darüber, erklärte ihm, daß ich nicht einziehen würde, er also bleiben könne.

65F

Damit trat die Sache in eine andere Bahn. Die Brüder hatten sich bisher in Asenbach bei Br[uder] Pfeil in 2 zu einem Dachzimmer hergestellten Raum versammelt. Pfeil hatte das Haus verkauft und baute sich wegen seinem Geschäft in Schalksmühle ein Haus. Es herrschte Wohnungsmangel dort wegen dem Zuzug von Arbeitern. Der Ankäufer des Pfeilschen Hauses brauchte den Raum selbst und kündigte den Brüdern. Diese wußten nun keinen anderen Raum zu finden. Da entschloß sich Hermann, für unsere Familie und für die Versammlung Raum zu schaffen, also zu bauen. Er kaufte auf dem Berge nahe der Schule ein Grundstück. Die Mittel dazu lieh uns die Schwiegerin Tante Johanna, ein Bauunternehmer aus Lüdenscheid, Herr Feldmann baute und verschaffte die 1te Hypothek und Br[uder] Zinn die zweite. Hermann trug dann aus seinen Ersparnissen das Darlehen der Tante zurück. Am 17. November [18]94 zogen wir dann von Solingen aus und in Schalksmühle ein, nachdem ich beinahe 30 Jahre dort gewohnt und gewirkt hatte. Manches wäre aus dem Berufsleben zu berichten, doch da dies Buch eine Familienchronik oder Geschichte darstellt, so gehört das an einen anderen Platz.

Am 5ten Oktober 1893 besuchte ich die Herbstversammlung in Neukirchen. Bei dieser Gelegenheit sprach Br[uder] Robert Kaiser, Prediger in Witten mit mir und ließ durchblicken, dass er Neigung zu unserer Tochter Maria habe. Er wünschte uns zu besuchen und mit uns und ihr zu sprechen, fragte: ob sie sonst noch frei sei?, was ich wohl

glaubte und ihn einlud, zu kommen. Dies geschah am 22. Oktober. Das Resultat der beiderseitigen Unterredung war ihre
gegenseitige Verlobung unter elterlicher Zustimmung. Die
erste Gattin hatte er nur kurze Zeit besessen, wohl nur ¼ Jahr,
sie erkrankte beim Besuch der Mutter an Typhus und starb.
Am 28ten Januar 1894 fand die Hochzeit in Witten statt

66

**So du glauben würdest, solltest du
die Herrlichkeit Gottes sehen.
Joh. 11, 40.**

unter Beteiligung der Eltern Roberts, uns und der Wittener Gemeinde. Die Ehe ist eine glückliche und mit Kindern reich gesegnete, da sie, die Tochter, bis heute 12 geboren hat, sowie ein zu frühes Wochenbett gehalten. Ein Kind ist vor Jahren gestorben, 11 leben also heute, wo ich dieses schreibe. Im Oktober wurde der 1te Sohn geboren und die Mama hinzugerufen, so daß sie den Auszug in Solingen nicht mehr mitmachte. In Hagen trafen wir am 17ten November zusammen und fuhren nach Schalksmühle und bezogen das noch unfertige Haus. Wir machten einen strengen Winter dort durch, mußten tüchtig heizen, weil die Wände noch zum Teil naß waren. Am 25. November fand die Einweihung des Versammlungslokals statt, unter zahlreicher Teilnahme. Es wurde von den Brüdern herzlich gedankt, daß sie nun einen Raum hatten. Es war ein geräumiges Haus von 5 Zimmern im Parterre, 5 im 1ten Stock und 6 Mansardenzimmern. Das Parterre bewohnten 2 Familien einige Jahre, den oberen Stock und 5 Mansardenzimmer wir. Die beiden Söhne Carl und Theophil waren den Winter über zu Hause und dekorierten die Decken und den Hausflur. Dann hatten wir einen Zögling, Robert Adams aus St. Johann. Dann kamen noch hinzu Adolph Fries und Ernst Pickhard, beide Lehrlinge im Geschäft. Ebenso auch zwei Mädchen anfangs Mai als

66F

Pensionärinnen zum Erlernen des Haushaltes, die Tochter Eleonore von Familie Ginsberg in Untermilden (die älteste, Johanna war ein Jahr in Solingen bei uns gewesen zu gleichem Zweck) und Henriette Henrich, ebenfalls von dort. Dann als Dienstmädchen Anna Giebler aus Haiger-Selbach. Robert Adams hatte die Schule verlassen und ging nach Hause zurück. Wir hatten in den Jahren einen großen Haushalt, oft 12, 13 – 14 Personen. Carl und Theophil und Robert gingen im Mai [18]95 nach St. Johann in Arbeit. Carl Hagedorn und Carl Müller traten bei Jägers ins Geschäft und logierten bei uns. Da gab es viele Arbeit in dem neuen Hause und Garten, der aus einem Rasen oder Weideland urbar gemacht werden mußte. Hermann ließ ihn durch einen Gärtner anlegen, ich schaffte dann Bäume und Sträucher herbei, als die Mieter ausgezogen waren und Hermann noch eine Parzelle hinzugekauft hatte. O, wie atmeten wir auf, aus den Zänkereien heraus zu sein.

Dann traf Anfangs [18]98 ein neues Familien-Ereignis ein. Br[uder] Müller kam den 2ten Weihnachtstag [18] 97 Abends von seinen Eltern aus Barmen zurück. Wir wunderten uns darüber. Da sprach er den Wunsch und die Hoffnung aus, von uns ein Geschenk zu erhalten. Er wünschte unsere Tochter Aurelie zur Lebensgefährtin. Ich fragte ihn, ob er mit ihr dieserhalb schon gesprochen habe? Antwort: Nein, er habe zuerst mit seinen Eltern gesprochen, diese hätten nichts dagegen, nun wollte er unsere Meinung hören, ob wir auch damit einverstanden seien? Auch wisse er nicht, ob sie nicht anderweitig gebunden sei? Das Letztere war nach unserem Dafürhalten wohl nicht der Fall, ich sagte aber dem Bruder, daß wir Eltern kein Vermögen besäßen, also unseren Kindern nichts als eine kleine Aussteuer mitgeben könnten. Er sagte, er verlange weiter nichts als die Tochter. Dazu bat ich ihn, es uns zuerst zu überlassen, mit der Tochter darüber zu reden. Das war ihm recht. Als dies geschah, wurde sie verlegen und erbat sich einige Tage Bedenkzeit. Es muß bei ihr einen inneren Kampf gegeben haben, da ein anderer junger Mann sich auch mit dem Gedanken getragen hatte, aber nicht um sie geworben. Genug, nach 3 Tagen gab sie ihm das Jawort. Die Ehe war glücklich, aber kurz. Er bekleidete die Stelle als Buchhalter im Jäger'schen Geschäft und nach dem Austritt Hermanns als Prokurist. Am 21ten September fand die Hochzeit statt. Sie wohnten dann mit uns zusammen und hatten das Parterre inne. Die Mutter kam zur Hochzeit, der Vater nicht. Dieser war ergrimmt, daß sein Sohn nach dem Weggang von Barmen ihm kein Geld mehr brachte, sondern nun für sich selbst sorgen mußte, was wohl zu unangenehmen Auftritten später führte.

Am 17ten April 1899, als ich in Eiserfeld zur Kreiskonferenz weilte, bekam ich innere Unruhe, ich mußte absolut heimreisen, kam abends an, war müde und ging bald zur Ruhe. Nachts wurden wir durch Aurelie geweckt, Mama ging hinunter, blieb längere Zeit unten, und als sie heraufkam, sagte sie, Carl Müller habe einen Blutsturz bekommen. Nächsten Tag telegraphierte ich seinem Vater, da wir schlimmen

66F

Ausgang befürchteten. Am Mittwoch den 19ten kam er mit seinem Sohn Wilhelm an.

67

Durch Christum haben wir Alle den Zugang
in Einem Geiste zum Vater.
Eph. 2, 18.

Ich führte ihn an Carls Bett, der gerade in dem Moment wieder einen schweren Blutsturz bekam. Da hat der Vater in roher, hartherziger Weise dem Sohn die schwersten Vorwürfe gemacht, daß dies die Folgen seiner Sünden seien u.s.w. Ich geriet in hochgradige Aufregung, trieb ihn aus dem Krankenzimmer und sagte ihm, daß solche Grobheiten, wie er sie ausgestoßen, ich in unserem Hause nicht dulden könne, er zeige sich als ein Rabenvater. Die Ursache lag bei dem Alten sehr tief. Mir machte er den Vorwurf, wir hätten ihm den Sohn verführt. Br[uder] Zinn beschuldigte er, der habe ihn von Barmen weg nach Schalksmühle gelockt. Carl sagte mir, er habe seit dem er Geld verdient habe, 15.000 eingebracht (Mark). Von seinem Taschengeld habe er sich Meyers Lexikon angeschafft. Dies hätte er nötig gehabt jetzt und darum geschrieben. Der Vater habe es ihm verweigert und gesagt: das gehöre ihm (dem Vater), er gäbe es nicht heraus. Das hatte den Sohn so geärgert und gekränkt, daß wohl [als] Folge der Aufregung sich die Blutung einstellte. Die angewandten Mittel hemmten die Wiederholung für einige Zeit. Im Juni machte er eine Erholungsreise nach Terstegensruh, und später eine Kur in Lippspringe, von wo er als geheilt wiederkam und seine Arbeit wieder aufnahm. Im Frühjahr gab er seine Stellung als Prokurist bei Firma Gebrüder Jäger auf, also

67F

1900, um auf den Rat eines Mannes in Lüdenscheid, eines später enttarnten Kurpfuschers, in eine wärmere Gegend zu ziehen. Er zog dann nach Frankfurt und übernahm für Br[u-der] Schmitgen in Neuwied dort den Vertrieb von Bimszement-Dielen, was auch sich gut machte. Am 15ten März besuchte ich ihn dort, kam selbst krank vom Hunsrück, hatte dort argen Durchfall bekommen und flüchtete eigentlich dorthin, lag dort einen Tag zu Bett, dann ging es besser. Am 17ten reiste ich nach Cöln zur Versammlung und 19ten nach Hause.

Im Jahre 1901 am 9ten Mai feierten wir Carls Hochzeit in St. Johann. Mama reiste mit mir hin, und von dort ging es nach Frankfurt, um Carl und Aurelie zu besuchen. Er fuhr mit uns nach dem Stadtwald im Wagen, [wir] besuchten den Palmengarten, die Wächter'sche Gemeinde u.a.m., den Kaisersaal, fuhren dann am 15. Mai nach Haiger, um an der größeren Versammlung (Himmelfahrtstag 16ten) Teil zu nehmen, Abend noch nach Gilsbach zur Versammlung und folgenden Tag nach Nicolausstollen zu Br[uder] Schlappig, dann am 19ten Sonntag nach Eibelshausen zur Kreiskonferenz, Abends nach Frohnhausen zur Versammlung und 20ten heim. Wir dachten damals nicht, daß Carls Heimgang so nahe bevorstand. Am 5ten mußte ich wieder eine Reise in's Siegerland und in's Hessische antreten, zu größeren Versammlungen in Setzen und u[nd] Hemmertshausen und dazwischen in Siegen, Weidenau, Dreisbach, Bierbach, Eiserfeld, Friedensdorf. Vom letzten Orte fuhr ich 15ten nach Frankfurt, fand die Kinder in äußerer und innerer Not. Carls Ende kam

185

rasch heran. Ich veranlaßte, daß ein Notar Carls letzten Willen aufnahm. Aurelie war in Hoffnung. Das 1ste Kind war eine Totgeburt. Zur Zeit der 1ten Erkrankung u[nd] bei Carls Ableben war von dessen Vater zu erwarten, daß er Ansprüche an die Sachen machte, falls die 2te Frucht leblos zur Welt kam. Ich sprach mit Br[uder] Wächter in Bezug auf Beerdigung, er versprach, diese zu übernehmen, am 17ten, holte [ich?] abends noch eine Wetter'sche Schwester am Bahnhof ab, und anderen Tages fand die Testaments-Aufnahme statt, wobei Br[uder] Schergens u[nd] ich als Zeugen fungierten. Am 19ten reiste ich morgens nach Hause, da ich Sonntags in Schalksmühle sein mußte zu einer größeren Versammlung und Samstag zu einer Hochzeit. In der Nacht von Sonntag 21ten auf Montag entschlief Carl. Unser Carl und auch Br[uder] Kaiser reisten zur Beerdigung und nach derselben veranlaßte Carl den Möbeltransport nach Schalksmühle und brachte dann Aurelie mit. Die Ehe hatte also 2 Jahre und 10 Monate bestanden. Eliese Throm war zur Hülfeleistung [am] 1. Juli dorthin gereist. Am 30. Juli kam Aurelie an, ich holte sie in Hagen in erschöpftem Zustande ab. Doch erholte sie sich bei uns bald wieder, und kurze Zeit danach, am 8ten September gebar sie ein Töchterchen, welches heute, wo ich schreibe, 7 Jahre zählt und uns Freude macht.

Die Ehe unseres Sohnes Carl bestand vom 9ten Mai 1901 bis 25ten Februar 1902, also 41 Wochen. Am 14ten Februar 1902 fuhr ich über Mülheim – Cöln nach Siegen u[nd] Endbach, besuchte die Kinder Carl und Minna u[nd] fand Minna wohl und munter. Am 22. kam ich nach Cöln zurück, 23. Versammlung dort, 24. ging es nach Mülheim und fand Minna schwer krank, sie war fast ohne Bewußtsein, erbrach oft, sodaß ich eine Gehirnkrankheit vermutete. Dann wurde sie noch am nächsten Tage, 25ten, von einem toten Kinde entbunden. Schwere Tage für unseren armen Sohn! Am 28ten wurde sie beerdigt, und noch mancher schwere Tag harrete seiner. Doch der Herr hat schließlich alles wohlgemacht.

68

**So demüthiget euch unter die gewaltige Hand
Gottes, dass er euch erhöhe zu seiner Zeit.
1. Petr. 5, 6.**

Unser Hermann verließ, wie bereits bemerkt, im Frühjahr 1899 das Geschäft bei Gebrüder Jäger, um ein eigenes zu
gründen. Beide Gebrüder J[äger] hatten heranwachsende
Söhne, die später in dasselbe eintreten sollten. Da sagte er
sich und sagte es auch zu den Prinzipalen, daß er nicht warten
wollte, bis seine Kräfte verbraucht seien und er in Schalksmühle übrig geworden. Als Teilhaber ihn eintreten zu lassen,
wurde abgelehnt. Da verband er sich mit Carl Wirth aus Lüdenscheid, schloß mit ihm einen fünfjährigen Vertrag. Der
Schwiegervater C[arl] W[irths] trat als stiller Teilhaber ein,
deponierte eine gewisse Summe oder garantierte sie bei der
Bank in Lüdenscheid und es wurde in Kierspe Bahnhof gebaut. Der Bau ging rasch von Statten, am 22. November
wurde die Fabrik mit einer Versammlung hiesiger und be-
nachbarter Christen durch ein Liebesmahl eingeweiht. An 3
– 400 Personen nahmen daran Theil. Der Segen des Herrn
wurde für das geschäftliche Unternehmen erfleht. Es war damals eine geschäftlich stille Zeit. Doch der Herr half hindurch. Wir richteten Hermann ein Schlafzimmer in der Fabrik
ein, in einem Hotel speiste er die Woche hindurch, Samstags
Abends kam er nach Schalksmühle und war Sonntags bis
Abends 10 Uhr in der Familie, dann fuhr er wieder nach

68F

Kierspe. Dies war ein Provisorium, welches auf die Dauer nicht ging.

Im Jahr 1901 verließ unser Johannes die Schule mit schönen Zeugnissen. In Schalksmühle besuchte er die Rektoratsschule mit gutem Erfolg. Die beiden letzten Klassen, Unter- u[nd] Obersekunda mußte er in Lüdenscheid auf der Realschule durchmachen. Nach dem Abgang handelte es sich nun um die Frage, was und wo Berufslehre bestehen? Ich reiste nach Homberg, nahm seine Schulzeugnisse mit, legte sie den Gebrüdern Hengstenberg vor, und diese waren sofort bereit, ihn als Lehrling einzustellen. Elisabeth zog ebenfalls nach dort zu Frau Heinrich Hengstenberg als Stütze. Hans wohnte dann umsonst ein Jahr dort, und Elisabeth diente umsonst. Im Frühjahr 1902 bekam Elisabeth Ischias in's Bein und mußte folgedessen nach Hause. Da die beiden ihre Schlafzimmer neben einander hatten, Hans durch Elisabeths Zimmer gehen mußte, so störte dies nicht. Als Elisabeth fort war, konnte Hans nicht mehr da bleiben u[nd] wir mieteten ihn bei Metzgermeister Schrey für die übrige Lehrzeit ein, monatlich zu 60 Mark für ganze Pension. Ende April 1904 verließ er die Lehre, kehrte auf einige Tage ins Elternhaus zurück, ging dann als Volontair zu einem Geschäftsfreund Hermanns nach Brüssel um sich sprachlich im Französischen und geschäftlich in die neue Branche einzuleben und auszubilden.

Hermann wollte als Bruder den Hans nicht in die Lehre nehmen, lieber helfen, daß er anderswo lerne, was auch

189

richtiger war. Nach Rückkehr aus Brüssel trat er dann bei Hermann ein und ward ihm eine gute und treue Stütze im Comptoir. Inzwischen hatte sich manches im Geschäft verändert.

1904 lief der 5jährige Vertrag zwischen Hermann und Wirth ab u[nd] wurde nicht erneuert. Carl Wirth trat aus dem Geschäft aus. Hermann zahlte ihm auf Grund der Bilanz sein Guthaben und eine Abfindungssumme aus. Die beiden schieden im Frieden und Carl Wirth baute sich in der Nähe eine neue Fabrik. Hermann war nun alleiniger Eigentümer. Klienke trat damit selbstverständlich auch zurück. Differenzen zwischen den Arbeitern und C. Wirth ließen erkennen, daß eine Erneuerung des Vertrags nicht angängig sei, und Hermann litt unter dieser Spannung. Hermann fragte mich eines Tages: auf welches Schriftwort er sich stützen könne, wenn er sich von C[arl] W[irth] trennte? Ich: „Abraham und Lot". Das leuchtete ihm ein, obgleich er mit schwerem Herzen dies zugeben mußte. Es war ihm freigestellt worden, er konnte das Werk auch übernehmen, allein, dazu fehlten die Mittel u[nd] dann wäre die Spannung zwischen ihm und den Arbeitern noch dagewesen. So entschied er sich zum Rücktritt. Das geschah November 1904, blieb aber noch den Winter.

Inzwischen hatten wir Gelegenheit gefunden, das Haus Hermanns an 2 Diakonissenschw[estern] namens Emma Schnell und Emmy Günther zu verkaufen. Diese wollten ein Erholungsheim daraus machen, auch Kranke aufnehmen. Das Anwesen paßte ihnen wegen dem schönen großen Garten und der waldigen Umgebung. Damit waren wieder Wünsche und Bitten erfüllt worden. Wir freuten uns, mit Hermann wieder zusammen zu kommen, und er war auch erfreut darüber. Auch um des Geschäftes willen, denn für ihn war es ja lästig, in Sch[alksmühle] Grundbesitz zu haben und wenig davon zu genießen. Die untere Etage brachte wenig oder nichts ein. Denn Tante Johanna und Louise Frans, die einige Jahre vorher, am 2ten Oktober 1898 nach Schalksmühle zogen und auch ein Erholungsheim eingerichtet, in unserem Hause die leere Wohnung Aureliens benutzten für ihre Gäste und Hermann ihnen keine Miete, oder nur wenig, abnahm.

69
Sollte dem Herrn etwas unmöglich sein?
Bei Gott ist kein Ding unmöglich.
1. Mos. 18, 14; Luc. 1, 37.

Mamas Vater war auch die letzten Monate seines Erdenlebens bei uns, da es ihm bei uns besser gefiel. Kurz vor unserem Umzug nach Kierspe ging er wieder zu Johanna, da er nicht mit uns mehr ziehen konnte, er war schon krank, und einige Tage darauf starb er, am 3ten Mai 1902 beerdigten wir ihn. Am Montag den 28ten Mai luden wir die Sachen auf den Möbelwagen und Dinstags zog Emma Schnell ein. Ich mußte dann zur Bundeskonferenz nach Essen reisen und fuhr am Schluß derselben nach Kierspe in das Fritz Kubier'sche Haus, worinnen wir gegenwärtig noch wohnen.

Theophil, der sich am 12. September mit Eliese Seybold vermählt hatte und mit Carl geschäftlich verbunden, sah nach dem Tode von Carls Frau ein, daß das Geschäft sie nicht beide ernähre. Die Ausgaben waren zu groß und die Einnahmen zu gering. Sie trennten sich. Carl übernahm das Geschäft mit Aktiven und Passiven ganz auf seine Rechnung. Die letzteren waren höher als die ersteren, da Hermann bedeutende Vorschüsse gemacht hatte, z. B. eine Forderung von Joh. Martin (Darlehen zum Anfang) eingelöst (bezahlt) und Wechsel von Lieferanten eingelöst. Theophil ging also frei aus. Er zog dann nach Vohwinkel, Aurelie auch. Letztere wollte uns nicht zur Last sein, sondern sich ihr Brot mit Kost- und Logisgeben verdienen. Beide zogen um im April 1902 nach Vohwinkel zu Bruder Funke in dessen neue Häuser,

69F

Grabenstraße. Doch Aurelie hoffte vergeblich auf Logis-Gäste. Sie plante dann den Umzug nach Mettmann, um Lehrer und Schüler aufzunehmen. Isenbügels dort rieten auch dazu. Anfang September 1902 siedelte Aurelie dorthin über. Sie hatte durch die Freundlichkeit des Seminar-Oberlehrers, Herrn Habermaß, 2 Seminarlehrer, einige Seminaristen und Präparandenschüler erhalten, hatte eine Etage von 4 Zimmern und Küche und ein großes Mansardenzimmer für 500 Mark gemietet. Elisabeth sandte ich ihr zur Hilfe, diese war auch 4 Monate noch dort, 4 Monate Tante Eliese. Elisabeth half in den 4 Monaten unserer Maria, dann wurden die Lehrer versetzt. Sie sollte aus gewissen Gründen eine andere Wohnung mieten. Da aber im Grunde nichts dabei zu verdienen war, ¼ Jahr beinahe Ferien waren, die Miete voran ging, aber das ¼ Jahr an Zahlung gebrach, so brachen wir auch damit ab. Aurelie verkaufte die überflüssigen Möbel und zog hier in das inzwischen erbaute Versammlungshaus, das am 6ten November eröffnet wurde, in welches dann Tante Eliese mit einzog, da diese dort eine Handarbeitsschule anfangen wollte, was dann auch geschah. Hier lebte in der gesunden Luft Aurelien's Töchterchen, welches in Mettmann viel kränkelte, förmlich auf, und Aurelie auch. Elisabeth war auch froh, daß sie wieder daheim war.

Theophil war auch inzwischen von Vohwinkel nach Hammerstein, Göthestr. verzogen, hatte aber auch dort wenig Glück mit seiner Arbeit. Carl in Mülheim plagte sich auch ohne Erfolg. Theophil verlor durch den Bankrott eines Bauunternehmers an 700 Mk. für Material und Arbeitslohn.

Wir überlegten mit Hermann, dessen Geschäft aufblühte und Erweiterung der Fabrik notwendig machte, und er nahm Carl und Theophil mit als Arbeiter auf. Carl bekleidet die Stelle als Faktor, und Theophil besorgt die Lackiererei mit einer Anzahl Mädchen.

Tante Eliese verheiratete sich mit dem verwitweten Br[uder] Fries in Witten, und Carl zog zu Aurelie als Kostgänger. So führen diese Beiden einen Haushalt. Theophil wohnt nun mit seiner Familie auch hier. Beide sind froh, daß sie von ihren früheren Meistersorgen befreit sind. Ihre untergeordnete Stellung bei dem Bruder braucht sie nicht zu beschweren, denn er drückt sie nicht, sondern hat stets brüderlich an ihnen gehandelt und tut es fernerhin.

Hermann, der bis dahin, im Jahr 1905 noch nicht an's Heiraten hatte denken wollen, der, wenn man ihn darum fragte, antwortete: „er habe keine Zeit dazu", trug sich doch im Stillen mit dem Gedanken, dann kam es eines Tages heraus, daß er Maria Beneke aus Wermelskirchen liebte. Diese war als Waise nach dem Tode ihres Vaters u[nd] d[er] Mutter von einer pflegenden Schwester zur Erholung mit nach Wetter genommen worden u[nd] von Robert an uns zur Ausbildung im Haushalt empfohlen worden, als wir noch in Schalksmühle wohnten, es war 1901 im Sommer. Mama nahm sie dann auch an, sie war gegen Vergütung ein Jahr bei uns, wurde gläubig und bei Hermann schlich sich darauf die Neigung zu ihr ein. Sie war dann eine Zeitlang bei Familie Gahl in Hagen, danach Solingen, dann in Mettmann. Von dort kam sie im Sommer 1905 eine Zeitlang zur Erholung nach Kierspe und logierte bei Aurelie. Da reifte bei Hermann der Entschluß, ihr die Hand zu bieten und das Herz. Bei ihr entbrannte auch die Liebe im Stillen zu ihm, aber sie glaubte, die dürfe die Hoffnung nicht hegen u[nd] ging im September wieder zu Familie Gahl in Hagen. An diesem Tage, am 7.9.[19]05

70

**Dein Wort ist meines Fusses Leuchte
und ein Licht auf meinem Wege.
Ps. 110, 105.**

[erlitt ich] einen Nerven Schlaganfall in der vorhergehenden Nacht, welcher sich morgens wiederholte und mich linksseitig lähmte, besonders den linken Arm und Hand. Hierzu gesellte sich Luftröhrenentzündung. Einen Monat später, 8. Oktober war ich so weit wieder hergestellt, daß ich das Bett verlassen konnte. Durch Gottes Gnade und Hilfe genas ich wieder, die Lähmung verlor sich, konnte den Arm wieder bewegen u[nd] langsam auch die Hand, obgleich ein taubes Gefühl und Ungelenkigkeit noch lange blieb und bis heute nicht völlig geschwunden ist, da die Hand vielfach kalt ist u[nd] ich sie warm halten muß.

Am 12ten Oktober besuchte uns Frau Gahl mit Maria, fuhren aber abends wieder zurück. Frau Gahl hatte Maria's Geheimnis erforscht und wünschte nun wohl, uns, besonders Hermann kennen zu lernen. Hermann entdeckte sich der Maria, bekannte ihr seine Neigung zu Maria, und ich schrieb ihr dann, sie sollte uns nochmals besuchen, wir hätten Wichtiges mit ihr zu besprechen. Sie bekam Angst, denn sie glaubte, sie hätte sich und ihre Neigung verraten und wir wollten ihr deshalb Vorhalt machen. Ich schrieb ihr, sie habe nichts zu fürchten. Sie kam dann am 22ten November und da kam es dann zur beiderseitigen stillen Verlobung. Die öffentliche fand am Weihnachtstage statt. Damit war ein Wendepunkt im Leben

Hermanns eingetreten nach 1. Mose 2,24 und Matth. 19,5 und Epheser 5,31. Am 25ten Mai 1906 fand dann in der Familie und am 20ten öffentlich für das ganze Fabrikpersonal im Nockermann'schen Saale die Hochzeit statt, die in schöner Weise das Verhältnis der Leute zum Chef zum Ausdruck brachte.

Da Herr Kubier, unser Hausherr, seines Geschäftes halber Anfang Mai nach Lüdenscheid zog, so mietete Hermann dessen Wohnung für sich. Dort wohnten wir zusammen bis vor Weihnachten 1907. Da in dem neuen Fabrik-Anbau sich Hermann eine Wohnung eingerichtet, so zog er vor, sobald als möglich dort zu sein u[nd] Kubiers zogen Mai 1908 wieder hierher zurück, was mir auch lieber war, als wenn andere Leute hineingekommen wären. Im Juli (Ende) wurde Hermann ein Töchterchen geschenkt, das sie Margarethe nannten. Im Dezember 1908 ein 2tes Töchterchen namens Gertrud Aurelie. Wir besitzen also nun, Anfang 1909, 17 Enkelkinder. Maria 11, Hermann 2, Aurelie 1, Theophil 3. Der Herr hat mir also gewährt, was ich mir als Jüngling schon wünschte, Kinder und Kindeskinder zu sehen, da ich Kinder sehr liebte u[nd] wo ich wohnte, hingen mir die Kinder stets an, und unsere Kinder hingen auch mit inniger Liebe an ihren Eltern.

Da der Herr den Hermann in seinem Beruf als Fabrikant reichlich gesegnet hat, daß er heute als ein wohlhabender und geachteter Mann dasteht, während wir ihn materiell doch nicht unterstützen konnten, nur für ihn betend und segnend eintraten, was auch erhört worden ist, so hat er es auch zu schätzen gewußt, ist seinen alternden Eltern seitdem er Geld verdiente, eine treue Stütze gewesen. Ebenso seinen Geschwistern und auch der Sache des Herrn hatte er offenes Herz und Hand. Der Herr vergelte es ihm und lasse auch ihn an seinen Kindern viele Freude erleben!

Er hat im Jahre 1908 dem Carl und Aurelie ein allerliebstes 1½stöckiges Haus gebaut, wie mein Vers[ammlungs]-Haus in schönem Stil mit sonnigen und luftigen Zimmern, wobei auch schöner Garten angelegt wurde. Er hat sich selbst der Fabrik gegenüber am Berge ebenfalls einen großen schönen Garten anlegen lassen, woran eine Waldparzelle stößt, die ihm ebenfalls gehört und durch Gärtner B. Koch großartig bearbeitet wurde.

Am 27ten Oktober 1908 fuhr ich nach Cöln, um an einer Prediger-Conferenz im Saale der freien ev[angelischen] Gemeinde teilzunehmen. Ich fühlte zwar bei der Abreise ein gewisses Unbehagen im Körper, doch fuhr ich hin und logierte bei Familie August Pott. Nachts wurde ich nicht warm, obgleich ich ein gutes Bett hatte. Am 29ten, dem 2ten Conferenztage mußte ich jedoch früh per Eilzug nach Hause fahren und begab mich zu Bett. Da brach das Fieber dann los und ich wurde sehr krank. Kopf, Hals, Augen, Ohren, alle Glieder schmerzten mich sehr. Ich nahm zusehends ab, das Fleisch schwand, die Nervenschwäche war besonders stark, der Arzt verbot Besuch und gebot strengste Ruhe. Es kam so vor, als nahe meine letzte Stunde und äußerte es der Gattin. Diese betete inbrünstig, der Herr möge mich nochmals aufrichten.

70F

Auch ich hegte den Wunsch und Verlangen, auch die Kinder und hiesige wie auswärtige Brüder, und der Herr erhörte die Gebete.

O wie viele Gebetserhörungen durfte ich erfahren! Wie viel Gnade und Hülfe hat er mir gezeigt! Von Kindesbeinen an. Diese Mitteilungen sollen Zeugnis davon geben, darum schrieb ich sie nieder.

71
Trachtet am ersten nach dem Reiche Gottes
und nach seiner Gerechtigkeit,
so wird euch solches alles zufallen.
Matth. 6, 33.

So hat denn der Herr mich auch nochmals von dieser Krankheit wieder genesen lassen, die etwa 6 Wochen lang mich ins Bett und auf Zimmer fesselte. Nach 6 Wochen hörten die Nachtschweiße auf und ich durfte mich verhältnismäßig rasch erholen, so daß ich Sonntag vor Weihnachten wieder die Versammlung besuchen und eine Ansprache halten konnte, so wie auch an den Feiertagen. Für den inneren Menschen waren diese Wochen mit ihren vielfach schlaflosen Nächten eine gesegnete Zeit zum Gebet und Verkehr mit dem Herrn und seinem Wort, obgleich ich nicht lesen durfte, auch nicht konnte vor Kopfnervenschwäche. Für weite Berufsreisen bin ich allerdings nicht mehr recht tauglich bei meinem Alter von 71 Jahren, aber in der Nähe ist Arbeit genug für mich, und mein Nachfolger und Ersatzmann Friedrich Kaiser, der in seinen besten Jahren ist, besucht und bedient die Kreise und Gemeinden in unserem Bunde.

Die hiesigen und benachbarten Geschwister wünschen es sehr, daß ich die noch vorhandene Kraft ihnen widme, und die Familie wünscht es ebenfalls.

O, die Güte, Barmherzigkeit, Gnade, Geduld und Treue unseres Gottes und Heilandes hat mir in den letzten Jahren und wieder in den letzten Wochen oft heiße Dankestränen

71F

ausgepreßt! Wenn ich die Vergangenheit vor meinen Augen vorüberziehen ließ, die Erinnerungen aufwachten – ach, wie viele, viele Ursache zum Dank! Ich habe bei meinem Beruf irdische Schätze nicht gesammelt, ich bin dankbar, daß ich habe meine Kinder in Ehren aufziehen dürfen, daß durch ihre, besonders Hermanns Mithilfe alle Verbindlichkeiten gedeckt werden konnten und ich mit meiner Gattin schuldenfrei dastehen darf. Wenn ich nun früher oder später doch meine Augen schließen muß und meine Gattin mich überlebt, so wird der Herr auch sie nicht verlassen noch versäumen und die Kinder werden der Mutter die Kindesliebe nicht entziehen.

Sein heiliger und herrlicher Name sei ewiglich gepriesen!

Kierspe Bahnhof den 15ten Januar 1909

Carl Bender

Wenn einst beschließt mein Leben

Soll dies Buch Zeugnis geben:

Wie uns der Herr geliebt.

Wie durften wir's erfahren

In allen diesen Jahren:

Daß, wer ihn bittet – er ihm giebt.

Seine ‚Familienchronik' ergänzte Carl Bender auf den
Schmuckblättern Nr. 100 bis 102 durch

Berufliche Aufzeichnungen aus früheren Jahren

100
Es ist deiner Bosheit Schuld, dass du so gestäupet wirst, und deines Ungehorsams, dass du so gestraft wirst. Jer. 2, 19.

Berufliche Aufzeichnungen aus früheren Jahren.

Ein Seitenstück zu der Geschichte in Lukas 7, 36 – 50. Jesus der Heiland der Sünder und Sünderinnen.

Zur Zeit als ich in Solingen als Evangelist tätig war, bat mich Frau Carl Rauch, eine kranke Witwe auf dem Hahn „zu Schlicken" zu besuchen. Diese wohnte bei ihren alten Eltern in einem sehr dürftigen Dachstübchen. Sie besaß einen Knaben und ein Mädchen aus ihrer Ehe. Ihr Name war Julia Molitor. Den Namen der Eltern habe ich leider nicht mehr im Gedächtnis. Der Vater war, wenn ich nicht irre, Scherenfeiler. Als ich die Witwe eines Tages auf dem Rückwege nach Solingen gleich nach Mittags besuchte, und sie ihr Mittagsmahl verzehren sah, welches in trockenem Schwarzbrot und schwarzem Kaffee bestand, erschrak ich ordentlich bei dem Anblick ihrer abgezehrten Gestalt und der Armut. Sie lag auf mürbem, zu Streu gewordenen Stroh, worüber Lumpen gebreitet waren. Ein paar dürre, abgezehrte Hände streckte sie mir zur Begrüßung entgegen und fing an: die Gnade unseres Gottes und Heilandes zu rühmen. Ich konnte mich bei ihrem Anblick der Tränen nicht enthalten. Ihre Brust war zur Hühnerbrust ausgewachsen, aber ihre Augen strahlten vor Freude, daß jemand sie besuchte. Als sie Tränen mir über die Wangen laufen u[nd] mich sie abwischen sah, fragte sie: Sind sie traurig über mein Elend? Ich bejahte es. Dann sagte sie: O, tun Sie das nicht, vergießen sie keine Tränen über mein äußeres Elend. Ich bin glücklich, den Heiland kennen gelernt und Frieden und Vergebung von ihm empfangen zu haben. Dann bat ich sie, mir ihre Geschichte zu erzählen. Ehe sie dazu kam, gab es einen etwas kuriosen Auftritt. Die alte Mutter kam herein und rief in aufgeregtem Tone: So, läßt sich endlich einmal Einer der Herren von der Armenverwaltung sehen? Dabei zeigte sie mir die zerlumpten Kleider der Enkelkinder und schimpfte über die Herren u[nd] machte sich in allerlei Ausdrücken in der platten Mundart Luft. Ich hörte sie ruhig an und ließ sie ausreden. Die Tochter schwieg auch. Endlich, als sie ruhig war, sagte ich zu ihr: daß sie im Irrtum über meine Person sei, ich gehörte weder der städtischen noch der kirchlichen Armenverwaltung an, sei ihr aber dankbar, mir die Bedürfnisse der Kinder gezeigt zu haben. Ich wollte mit Freunden darüber reden und es würde dann auch Abhilfe geschaffen werden, ich hätte von der Krankheit der Tochter gehört und wäre veranlaßt worden, sie zu besuchen. Ich sei Diener des Evangeliums, nannte ihr auch meinen Namen. Da wurde sie artig, entfernte sich nach ihrer im Parterre gelegenen Wohnung, worin ich sie bei meinem Weggang auch noch besuchte. Als die alte Mutter nun hinaus war, bat die Kranke: ich möchte Psalm 38 laut mit ihr lesen. Als dies geschehen war, sagte sie: Dieser Psalm enthält meine Geschichte, und auch vielfach wörtlich. Dann erzählte sie, dass nach dem Tode ihres Mannes später ein anderer Mann ein Verhältnis mit ihr angeknüpft habe, ihr die Ehe versprochen, aber nicht gehalten. Sie sei ihm zu Willen gewesen, er habe sie beschwängert, dann aber, als die Folgen sich gezeigt, anders wohin gegangen und sie in ihrem Elend und Schande sitzen lassen. Von den Eltern u[nd] Geschwistern sei sie verstoßen worden. Sie sei aber nicht nur in äußerer Not, sie sei mehr noch in Seelennot und Sündennot gekommen. Nach ihrer Niederkunft habe die Blutreinigung gestockt, u[nd] folgedessen seien am ganzen Leibe, vom Kopf bis zu den Füßen, Geschwüre und Eiterbeulen ausgebrochen. Nochmals mußte ich lesen Vers 1 – 7. „Meine Wunden stinken und eitern vor meiner Torheit." Gottes Pfeile steckten in mir, sagte sie weiter. Ich kam ins Krankenhaus, u[nd] da ich eine solche Sünderin war, gingen sie auch hart mit mir um. Nach Anordnung des Arztes sollte ich gebadet werden. Aber in der kalten Waschküche, wo dies geschah, schlug eine Erkältung hinzu u[nd] ich ward auf beiden Augen blind. Nun konnte ich auch Gottes Wort nicht mehr lesen, das war mir das Schlimmste. Ich schmachtete nach Vergebung meiner Sünde, aber man hielt mich für eine Heuchlerin und stieß mich ab. Ich mußte wieder lesen Vers 7 bis 13. Alles buchstäblich wahr, sagte sie, so ging es mir. Zwei Ärzte wirkten im Krankenhaus, der eine war auch Augenarzt und wollte mich operieren. Ich fürchtete ihn und die Operation, klagte es auch dem Hauptarzt, ein Herr Dr. Pripers (diesen habe auch ich gekannt, hatte auch mich schon behandelt.) Ich sagte ihm, daß ich meine Hoffnung auf

100F

Gott u[nd] den Heiland gestellt, ich betete darum, er möge mir das Augenlicht wieder geben.

101

Herr ich rufe zu dir, eile zu mir, vernimm meine
Stimme, wenn ich Dich anrufe.
Ps. 141, 1.

Dr. Pripers bestärkte mich darin, wenn ich es gewiß
glaubte, würde es geschehen. Ich brauchte mich nicht operieren zu lassen. Der andere Arzt bestand aber darauf u[nd] bestimmte den nächsten Morgen dazu. In dieser Nacht lag nun
die Kranke in inbrünstigem Gebet dem Herrn an: sie sei doch
eine nach seinem Heil verlangende Seele, eine große Sünderin, die Verdammnis wert sei, aber Er habe doch verheißen,
Niemand hinauszustoßen, sondern die Sünder selig zu machen, ihre Sünden zu vergeben, ihre Gebrechen zu heilen. Er
möge zum Zeichen, daß Er ihr die Sünde vergeben und sie
selig machen wolle, ihr auch das Augenlicht wieder schenken, damit sie Sein Wort wieder lesen könne. Darauf schlief
sie ein. Als sie am nächsten Morgen erwachte u[nd] die Au-
genlieder aufschlug, konnte sie wieder klar sehen. Einen lau-
ten Freudenschrei ausstoßend, rief sie nach einer pflegenden
Schwester u[nd] bat, ihr eine Bibel zu bringen. Der Herr hatte
sie erhört, ihr das Zeichen gegeben und nun konnte sie auch
an die Vergebung ihrer Sünden u[nd] ihre Annahme bei Gott
glauben. Das war ihr ein Jubel – sie pries die Gnade des Herrn
den Pflegerinnen und Kranken, ihr Herz war übervoll und der
Mund floß über vom Lobe des Heilandes. Der Arzt kam nachher, um die Operation vorzunehmen. Dem jubelte sie entgegen, daß der Herr ihr das Augenlicht wieder geschenkt habe.
Der Arzt sagte: das sei Einbildung oder Simulation, sie wolle

101F

sich an der Operation vorbeidrücken. Sie reichte ihm die Bibel und bat, er möge sich prüfen u[nd] ihr etwas aufschlagen. Er tat es, und als sie flüssig las, sagte er: Das können Sie auswendig. Darauf holte er ein anderes Buch u[nd] als sie ebenfalls fließend aus demselben las, mußte er zugeben, daß hier etwas Außerordentliches passiert sei. Sie kam bald darauf aus dem Krankenhause. Die Eltern mußten sie dann aufnehmen und gaben ihr die Speicherkammer. Nun wußte ich ihre Geschichte. Ich hatte selbst das Mittagessen eingebüßt, aber der Hunger war verscheucht. Sie fragte mich etlichemal: Verstehen Sie mich und meine Geschichte? Als ich ihr dies versicherte, sagte sie: was bin ich froh, von Jemand verstanden zu werden! Man hält mich für übergeschnappt. Sie erzählte mir auch, welche Schmerzen sie oft ausgestanden, aber die Seelennot sei doch das Schlimmste gewesen. Ein Deckbett hatte sie nicht, nur einen alten verschlissenen, siamesen Überzug. Der war oft an den eiternden Wunden festgeklebt. Es fehlte an ordentlicher Nahrung und Pflege. Wie lange ich an jenem Nachmittage bei ihr zubrachte, weiß ich nicht mehr, aber es war schon spät, als ich ging. Ich mußte ihr dann auch erzählen aus Schrift und Erfahrung. Was war das Menschenkind glücklich! Ja, wir Beide. Ich war über ihre Schriftkenntnis verwundert. Der Geist Gottes hatte sie im Wort unterrichtet. Daß ich sie nachher oft besuchte, war selbstverständlich. Vorher teilte ich die Lage den Schwestern unseres Frauenvereins mit, die sorgten dann für ein ordentliches Bett, für Leibwäsche und gute Suppen. Als ich darnach sie besuchte, o, was

101F

floß da wieder der Mund über von Lob u[nd] Dank gegen den Herrn! „Hier liege ich jetzt wie eine Prinzessin, gut gekleidet und verpflegt, sagte sie mir. Was ist doch der Herr freundlich, u[nd] seine Güte währet ewiglich, ja ihm sei ewig Dank!

Einmal fragte ich sie, ob sie auch alsmal von Ungeduld geplagt würde? Ach nein, sagte sie, anwandeln will sie mich wohl, aber plagen lasse ich mich nicht, ich habe die Salbe von Gilead. Damit reibe ich mich ein, deutete dabei auf die Bibel. Ein ausgezeichnetes Mittel sagte sie. Solange sie noch lebte, habe ich sie nie bei meinen Besuchen unzufrieden, sondern glücklich und zufrieden angetroffen. Die Unzufriedenen veranlaßte ich, sie zu besuchen. Das war stets ein probates Mittel, diese zu kurieren, was mir Mancher nachher bekannte. Die Behandlung seitens der Eltern u[nd] Geschwister änderte sich dann auch. Diese bekamen Respekt u[nd] es bildete sich zwischen uns auch ein freundschaftliches Verhältnis.

Einmal, bei einem Besuch fragte sie mich über 1. Cor. 10 u[nd] 11 über den Tisch und das Mahl des Herrn. Sie war durch das Lesen zum Nachdenken gekommen, ich erklärte es ihr, u[nd] da sie großes Verlangen danach empfand, bestellte ich eine Anzahl Brüder auf ihr Bodenzimmer. Wir waren in einem Heiligtum, der Herr war im Geiste unter uns, u[nd] wie waren diese Schwester und auch wir so glücklich! „Hin und her in den Häusern", wie in Jerusalem, das ist mir bei solchen Gelegenheiten klar und verständlich geworden. Und „wo der Geist ist, da ist Freiheit" u[nd] wir haben diese Freiheit auch oft gebraucht. In einer Nacht im Sommer tobte ein schweres

101F

Gewitter, so daß die Wände des Hauses zitterten. Der Vater ging auf den Speicher, um die Tochter herunter zu holen. Als er vor ihrer Zimmertüre stand, hörte er sie laut reden, sie deklamierte den 29ten Psalm u[nd] war voll Jubel. Unbegreiflich für den Vater!

102
So wir unsere Sünden bekennen, so ist Er treu und gerecht, dass Er uns die Sünden vergibt.
1. Joh. 1, 9.

Um Gottes willen, Julchen, bist du nicht bang? Wovor sollte ich bange sein? Ich höre meinen himmlischen Vater reden, wie man ihn nicht immer hört, o, so höre ich ihn auch gern! Die Stimme des Herrn gehet mit Macht; die Stimme des Herrn gehet herrlich u[nd] wieder deklamierte sie diese Verse. O Vater, wie ist das schön, Deine majestätische Stimme im Wetter zu hören! Dann bat sie ihren leiblichen Vater, ihrethalben nun unbesorgt zu sein u[nd] hinunter zu gehen. Er ging, sagte dann zur Mutter: Ich kann unser Julchen nicht begreifen, keine Furcht vor einem so schweren Gewitter zu haben.

Ja, so war's richtig. Die Liebe Gottes zu uns, in Christus Jesus erschienen, hatte ihr die Furcht verscheucht, heilige, kindliche Ehrfurcht, aber keine sklavische Furcht erfüllte ihr Herz. Selten habe ich ein solches Krankenbett besucht. Einmal machte ihr eine Schwester unserer Versammlung das Bett, sie saß auf dem Weidensessel u[nd] so, daß sie ihr Profil im Schatten sah. Da brach sie in helles Lachen aus. Die Schwester fragte verwundert: Julchen, was ist dir? Ach, sagte sie, ich muß lachen, daß der Herr mich, so ein buckliges Gerippe lieb hat! Die Schwester mußte auch lachen. Es war auch eine verunzierte Gestalt, aber ein seelenvolles Auge und Blick aus welchem göttliches Licht strahlte.

102F

Noch leben Geschwister dort, auf die ich mich als Zeugen berufen kann, daß ich nicht übertreibe. Endlich nahte auch die Stunde ihrer leiblichen Er- und Auflösung. Auch diese war licht und ungetrübt. Da die Armenverwaltung das Begräbnis besorgte, so sprachen wir mit dem Schreiner, der den Sarg zu liefern hatte, er möge einen hübschen Sarg hinschaffen. Die Mehrkosten würden wir tragen. Dies geschah. Die ganze Vers[ammlung] der Gemeinde ging mit zur Beerdigung. Der den Sarg am Tore des Friedhofs in Empfang nehmende Pastor fragte verwundert einen Träger aus unseren Brüdern: Ob hier ein Irrtum vorliege? Ihm sei zu dieser Stunde die Beerdigung einer Armenleiche angemeldet. Der Bruder antwortete in Solinger Mundart und lakonisch: Niks Armenliek, hüt Königs-Dochter begrawe mer. Weet er dat? Der Pfarrer war allerdings stutzig über den Sarg und die große Begleitung. Nun, auch dies war noch ein Zeugnis unserer Zusammengehörigkeit. Nachher fand im Versammlungssaal ein Liebesmahl statt, zu welchem wir die Familie der Verstorbenen eingeladen hatten, u[nd] Gottes Wort hörten. Sie besuchten auch nachher noch längere Zeit unserer Versammlungen, bis sie später nach und nach fortblieben.

Manche liebliche Unterredung über Gottes Wort habe ich mit ihr gehabt, die ich aber nicht alle hier wiedergeben konnte, zumal über 30 Jahre inzwischen vergangen sind. Da aber die Brüder mir öfters anlagen: aus dem Familien- und Berufsleben Aufzeichnung zu machen, so mag diese

102F

Geschichte der Vergessenheit entrissen werden. Es ist Geschichte, kein sogen. christlicher Roman.

MIX

Papier | Fördert
gute Waldnutzung

FSC® C083411

Zeitfracht Medien GmbH
Ferdinand-Jühlke-Straße 7
99095 Erfurt, Deutschland
produktsicherheit@kolibri360.de